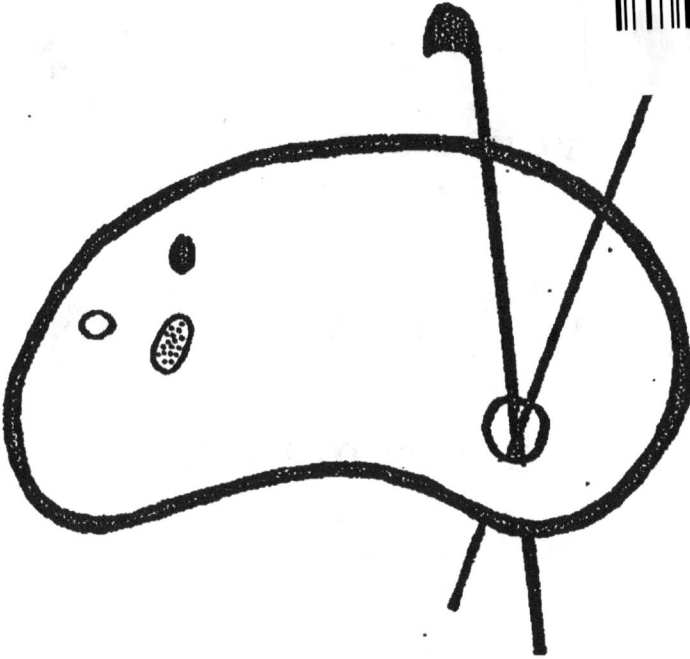

DEBUT D'UNE SERIE DE DOCUMENTS
EN COULEUR

INSTITUT DE FRANCE

AUGUSTIN COCHIN

NOTICE HISTORIQUE

Lue en séance publique le 9 décembre 1905

PAR

M. GEORGES PICOT

SECRÉTAIRE PERPÉTUEL
DE L'ACADÉMIE DES SCIENCES MORALES
ET POLITIQUES

· PARIS

LIBRAIRIE HACHETTE ET Cie

79, BOULEVARD SAINT-GERMAIN, 79

—

1906

NOTICES HISTORIQUES

Lues à l'Académie des sciences morales et politiques

PAR LE MÊME AUTEUR

———

Jules Simon, 1896.

Le Duc d'Aumale, 1897.

Barthélemy Saint-Hilaire, 1898.

Hippolyte Passy, 1899.

Léon Say, 1900.

Charles Renouard, 1901.

Paul Janet, 1902.

Gladstone, 1903.

Théophile Roussel, 1904.

Augustin Cochin, 1905.

———

1614-05. — Coulommiers. Imp. PAUL BRODARD. — 2-06.

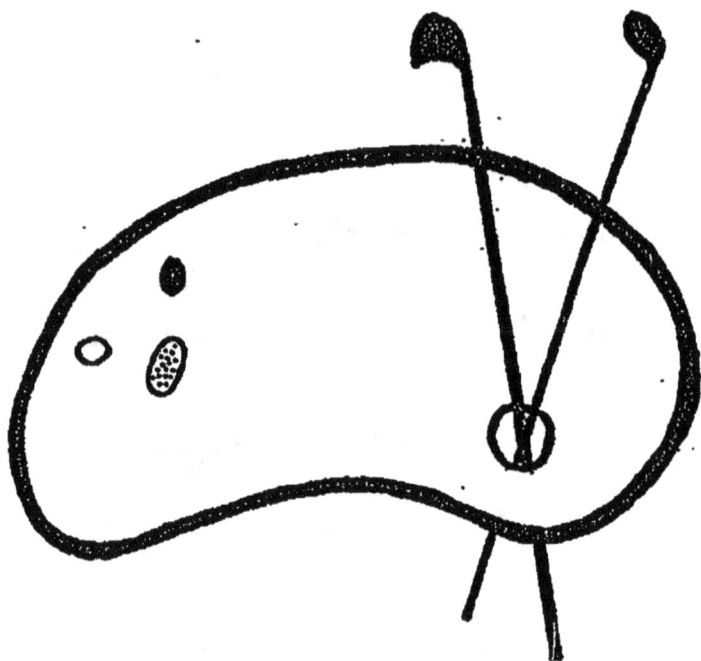

FIN D'UNE SERIE DE DOCUMENTS
EN COULEUR

AUGUSTIN-COCHIN

NOTICE HISTORIQUE

Lue en séance publique le 9 décembre 1905

COULOMMIERS

Imprimerie Paul BRODARD.

AUGUSTIN COCHIN

NOTICE HISTORIQUE

Lue en séance publique le 9 décembre 1905

PAR

M. GEORGES PICOT

SECRÉTAIRE PERPÉTUEL
DE L'ACADÉMIE DES SCIENCES MORALES
ET POLITIQUES

PARIS

LIBRAIRIE HACHETTE ET Cie

79, BOULEVARD SAINT-GERMAIN, 79

1906

AUGUSTIN COCHIN

NOTICE HISTORIQUE

Messieurs,

S'il est vrai que, pour l'historien, suivant le mot profond de Saint-Marc Girardin, le difficile soit de faire revivre les passions qu'on n'a plus, que dire des efforts destinés à faire comprendre à une génération qui ne l'a pas entendu, ce qu'était un orateur?

Décrire la scène, ressusciter les personnages, retrouver les auditeurs, et, dans ce cadre, faire entrer la vie avec assez de force pour qu'à travers la distance d'autres auditeurs ressentent le contre-coup des impressions du passé, telle est la tâche que nous n'aurions pas tentée, si M. Augustin Cochin n'avait joint, au don de la parole, les qualités rares qui font les hommes d'action.

Les œuvres qu'il a entreprises, les problèmes qu'il a cherché à résoudre, les causes auxquelles il a dévoué sa vie, se rattachent à des dates éloignées; un tiers de siècle s'est écoulé depuis qu'il a cessé d'agir, mais telles étaient les justes prévisions de son esprit que les mêmes causes nous émeuvent, les mêmes problèmes nous oppressent. Il devançait son temps. Il appartient donc au nôtre; il est vraiment le contemporain de nos questions sociales; il a cherché, pour l'honneur et le profit de la France, l'accord des forces qui font la moralité et le bonheur du peuple. Homme de foi, il croyait à la liberté; il se défiait de tout ce qui ne vient pas d'elle; malgré les déceptions, malgré les défaites, il s'y est attaché de plus en plus et nous ne trouvons pas une heure de découragement dans sa vie si remplie et trop courte.

Né le 12 décembre 1823, Augustin Cochin perdit de très bonne heure sa mère qui avait péri victime de son dévouement en soignant ses enfants atteints du croup. Élevé par son père, placé très jeune au collège Rollin, son enfance s'écoula sans qu'il connût les joies de la famille. Par quel sentiment inné le cœur du jeune homme, privé de certains biens, devine-t-il ce qui a manqué à l'enfant et s'en éprend-il avec plus de passion ? Orphelin, il n'a cessé de penser à ce que devait être l'incomparable affection d'une mère. Interne pendant sept ans, il a aspiré au bonheur de vivre au foyer de famille. Ses lettres d'écolier n'ont rien de banal : elles laissent échapper des élans qui émeuvent. S'il avait vécu sous le toit paternel, l'aurait-il aimé de la sorte ? Les privations formèrent un esprit auquel la tendresse et la souffrance allaient imprimer un charme indéfinissable. Au cours de ses études brillamment poursuivies, aux heures où il peut annoncer à son père ses succès, il n'a qu'une idée, qu'un but : rentrer dans cette maison, vivre de la vie de son père, l'aider dans ses travaux. Il le voit accablé de devoirs, se partageant entre les pauvres, l'administration des hospices, les écoles primaires, la surveillance des salles d'asile qu'il avait eu le premier l'honneur de fonder en France, le conseil du chemin de fer d'Orléans dont il était vice-président, le Conseil municipal de Paris et la Chambre des députés. Le jeune homme était émerveillé de toutes ces tâches, s'intéressait à chacune d'elles, sortait du collège pour aller à la Chambre entendre un discours de son père, questionnait, écoutait et admirait celui qui dépensait au profit de tant de nobles causes les forces de son esprit. Il comptait les jours qui le séparaient d'une collaboration qui était l'ambition de sa jeunesse.

Enfin, l'heure de la liberté sonna; il quittait le collège, il allait être tout entier aux études juridiques et à son père qui devait les diriger, quand M. Cochin fut emporté par une soudaine maladie. Toutes ses espérances étaient brisées. Augustin avait dix-sept ans : il lui fallait marcher seul et comme à tâtons dans le chemin de la vie. La foi religieuse fut son soutien, la volonté arrêtée d'imiter son père lui servit de guide. Assidu aux cours de la Faculté de droit, il donna aux pauvres la plus grande part de son temps. La Société de Saint-Vincent de Paul, qu'Ozanam avait fondée peu d'années auparavant, se développait alors parmi les étudiants. Augustin réunit autour de lui des amis : la conférence de Saint-Jacques fut créée, et il en devint, à dix-huit ans, le président. Le pauvre lui avait montré la famille victime du chômage, de la mort ou de la maladie, il voulut voir l'ouvrier en plein travail et ne tarda pas à constituer une société de secours mutuels, à laquelle il demeura fidèle pendant toute la suite de sa vie. Il y étudiait les conditions de l'existence dans les grandes villes, les budgets ouvriers, l'éducation des enfants; il parlait dans les réunions, agissait, pénétrait les âmes, consolait les affligés et se préparait aux œuvres de toutes sortes qu'il était impatient d'aborder. C'est ainsi qu'il reçut, au contact des misères parisiennes, à l'âge des fortes impressions, l'empreinte d'émotions qui ne s'effacèrent pas.

Docteur en droit à vingt-trois ans, il poursuivait son stage. Parmi les jeunes gens de son âge, ses débuts ont laissé des traces; son nom, d'ailleurs, éveillait les souvenirs de tous ceux qui connaissaient les annales du barreau ou l'histoire de l'éloquence française. Un siècle écoulé n'avait pas effacé la mémoire d'Henry Cochin que les avocats au Parlement de Paris, au commencement du règne de. Louis XV, appelaient dans leur enthousiasme le grand Cochin. Dans les conférences, dans les réunions d'avocats, devant les tribunaux, on fit fête au petit-neveu du célèbre bâtonnier : on racontait qu'après un acquittement succédant à une brillante plaidoirie, le président de la Cour d'assises lui avait dit : « Maître Cochin, vous portez un nom illustre au barreau de Paris et vous le portez dignement : recevez toutes les félicitations de la Cour qui s'est estimée heureuse de vous entendre » ; et l'avocat général avait ajouté : « Je m'associe volontiers à ces éloges : vous plaidez au début comme beaucoup de bons avocats ne le font pas au terme de leur carrière. »

Les anciens se plaisaient à retrouver en lui une langue claire et rapide, une improvisation abondante au service d'une imagination ardente tempérée par l'esprit le plus juste; les plus jeunes cédaient au charme qui se dégageait de sa parole; ils l'entouraient, le suivaient et déclaraient qu'il était pour ses amis un exemple et un soutien. Il exerçait sur eux, avec une direction morale, un véritable ascendant, les soutenant dans leurs défaillances, leur rendant courage, les déterminant à l'action et prolongeant par sa correspondance l'influence sur leurs âmes.

Plus on étudie la formation du caractère et plus on demeure convaincu que l'avenir de l'homme dépend presque toujours des années qui suivent la fin des études, que de dix-huit à vingt-quatre ans le jeune homme, s'il sait régler sa vie et user de son esprit, décide de sa carrière. Des études librement poursuivies en plein développement de l'intelligence, des amitiés qu'il entraînait vers le bien, des œuvres fondées pour rajeunir sous les formes les plus nouvelles les idées de charité et de fraternité, et toutes ces manifestations de l'activité accomplies avec autant de suite que d'élan, tel fut pour Augustin Cochin l'emploi des années critiques. Les vacances elles-mêmes servaient au programme que la maturité de son esprit s'était imposé. Chaque année, à la clôture des cours, il résistait aux prières des siens et faisait quelque grand voyage. Il parcourut ainsi les Vosges, la Suisse, l'Allemagne, une partie de l'Italie, ne se bornant pas à regarder l'aspect extérieur des choses, mais cherchant à voir l'homme, à examiner les institutions, la condition des ouvriers, tout ce qui, au cours de la vie, devait être le souci de sa pensée.

Initié de bonne heure aux problèmes que soulevait l'instruction primaire chez les familles laborieuses, il lui semblait qu'en étudiant les méthodes d'éducation, il était fidèle aux enseignements de sa jeunesse et qu'il recueillait la meilleure partie de l'héritage paternel. Il avait vu de près les enfants dans l'école fondée par son père et qui portait le nom d'École Cochin. Dans ses voyages, il visitait les classes élémentaires et en rapportait des descriptions; il se demandait avec anxiété quel était le meilleur système. Je ne connais rien de plus touchant que cette émotion qui saisit les intelligences ardentes à l'entrée de la vie : elles veulent voir autour d'elles la perfection, saisir la vérité absolue, et elles ne trouvent dans les institutions de leur temps que la recherche et le doute. Méthode d'éducation et régime des lois, relations des hommes et formes de gouvernement, tout est discuté; Augustin Cochin,

dont l'âme reposait pour les choses divines
en pleine certitude, exprimait cette souffrance du doute qui s'attache à toutes les
conceptions de l'homme, mais, avec son
besoin de tourner toutes les épreuves vers
le bien, il reprenait courage en y voyant une
des conditions mêmes du progrès. Ce pen-
seur de vingt-quatre ans était mûr pour les
plus hautes méditations. Il venait d'achever
sa thèse de doctorat, quand il apprit que
l'Académie des Sciences morales et politiques avait mis au concours, sur la proposi-
tion de M. Cousin, l' « examen critique du
système d'instruction de Pestalozzi considéré
principalement dans ses rapports avec le
bien-être et la moralité des classes pauvres ».

Aucun sujet ne pouvait exciter plus vivement son esprit. Ce n'était pas seulement
une recherche à poursuivre, c'était avant
tout un service à rendre au peuple, une
action à préparer. Tel est le sort de vos
concours, messieurs; ils suscitent des idées
et hâtent les progrès dont la société a besoin;

en choisissant certaines questions pour les soumettre à une étude précise à l'heure où elles flottent vaguement dans les esprits, vous appelez toutes les intelligences à votre aide, vous leur demandez d'observer les faits, de détruire les préjugés, de dégager et de saisir cette parcelle de vérité que voilent trop souvent les contradictions de la pensée humaine. Votre but vraiment scientifique, dans la noble acception du terme, est de donner aux idées, à force de clarté, la puissance et la vie.

Enfanter un système d'instruction a été la longue souffrance du xixe siècle. Que le peuple eût raison de vouloir s'instruire, nul n'en doutait et tous les esprits supérieurs se sont attachés à le satisfaire. Prononcé pour la première fois par Mme de Staël, le nom de Pestalozzi, répété par les échos du Rhin, avait pénétré en France où il était plus connu que sa méthode. En 1847, bien que les écoles primaires se fussent admirablement multipliées depuis quinze ans, tous les partis réclamaient le développement de l'instruction populaire; on sentait le besoin de faire plus et mieux. Votre rapporteur, M. Giraud, examinait le problème et n'hésitait pas à proclamer ses inquiétudes : « Une grave erreur, disait-il, règne aujourd'hui dans les esprits : c'est de croire que l'instruction première, donnée à l'école, soit et doive être une instruction immédiatement applicable... On a transformé l'enseignement de l'homme en enseignement du métier, et cette erreur s'est propagée à tous les degrés de l'enseignement. Dès qu'on substituait l'utilité pratique et immédiate à la simple aptitude intellectuelle et morale, on était entraîné à augmenter toujours la somme des connaissances données par l'enseignement... L'avenir des générations est compromis par cet abus, car l'esprit perd nécessairement en profondeur ce qu'il gagne en étendue superficielle. Enseigner peu, mais bien, tel a été le principe constant de tous les grands maîtres de l'art... Ce n'est pas

un métier que l'école primaire se charge
d'enseigner : il y a autre chose, dans un
enfant à instruire, qu'un maçon, un labou-
reur ou un avocat futur ; il y a tout d'abord
une âme humaine. C'est l'être humain qu'il
s'agit avant tout d'élever et d'instruire[1] ».
Pestalozzi l'avait compris et ce qui fait sa
supériorité, c'est que cet admirable institu-
teur avait au plus haut degré le sentiment
de l'éducation. « Ce n'est point, continuait
votre rapporteur, par la connaissance spéciale de la géographie ou de la grammaire
que le bien-être du peuple sera accru ; ce qui
importe avant tout, c'est le développement
de l'esprit moral ; et, à cet égard, la manière
de donner l'enseignement a peut-être plus
d'influence que la nature de l'enseignement
lui-même. Une charité admirable, un amour
ardent de l'humanité, un esprit profondément chrétien, voilà les mérites incompara-

1. Rapport sur le prix Félix de Beaujour par M. Giraud,
présenté le 17 décembre 1847. (*Mémoires de l'Académie,*
t. VI, p. 452.)

bles de Pestalozzi[1]. » Ce thème d'études dont les bornes étaient illimitées offrit à Augustin Cochin l'occasion d'écrire un résumé solide et brillant ; son mémoire fut distingué par l'Académie, remporta une mention honorable et fut imprimé en août 1848. En lisant cet ouvrage d'un auteur de vingt-quatre ans, nous retrouvons toutes les impressions de son enfance, de sa jeunesse, qui devaient demeurer les convictions de sa vie entière.

On sent avec quelle joie il cite Pestalozzi disant que « la famille est le commencement de toute éducation, que le foyer domestique est le point central où tout ce qu'il y a de divin dans les forces de développement de la nature humaine se réunit », et que la mère allume dans le cœur de ses enfants la croyance à l'amour ; à cette pensée de la famille son cœur d'orphelin s'émeut. « Celui-là même, écrit-il, qui ne prononça jamais

1. *Ibid.*

ce nom si doux : Ma mère, celui-là même
apprend ce qu'il a perdu par ce qui lui
manque, compose de toutes les vertus et de
tous les charmes un idéal de sa mère, obéit
à son souvenir, imagine sa présence, et
lorsque, au fond de son âme, il écoute sa
propre conscience, c'est sous la voix de sa
mère qu'elle lui parle et qu'il l'entend. »
Comme tous les moralistes, Augustin Cochin
voulait, à tous les degrés, le développement
de l'instruction; il s'y attachait passionnément, il faisait l'éloge des instituteurs, montrait la grandeur de leur mission si pénible
et si belle, appelait de ses vœux le jour où
leur sort serait amélioré, saluait l'heureuse
concurrence qui, entre laïques et religieux,
répandait partout l'enseignement, mais il
ne séparait pas l'éducation de l'idée de Dieu,
fondement de toute morale. « L'instruction
sans la religion, disait-il, c'est le torrent
sans la digue, le feu sans le foyer (p. 79). »
Augustin Cochin y revient à plusieurs
reprises : il ne rêve pas la domination d'un

des deux éléments, il veut leur conciliation.
« Instruction, dit-il, sans religion : mécon-
tentement, luttes, vices, crimes, anarchie.
Religion sans instruction : superstition,
paresse, mendicité, infériorité sociale. Tout
l'avenir de notre pays repose sur les progrès et les réformes de l'enseignement public
et de l'enseignement religieux (p. 85). »

Non moins vives étaient ses convictions
libérales : elles faisaient partie de sa foi.
L'objet des sociétés est le bien et le perfec-
tionnement de chaque individu. Plus les
hommes sont parfaits et plus ils sont capables
de liberté. Le développement, les progrès
des libertés, tel est le but : le seul moyen de
l'atteindre, c'est l'amélioration morale des
individus, c'est l'amour de nos semblables,
c'est en un mot la charité. Il y voit, dans
l'ordre des temps, tous les progrès de l'être
humain, l'abolition des privilèges, la répa-
ration des injustices, l'affranchissement des
serfs, et il s'écrie : « Sublime indépendance
qui fait entrer, en même temps que la

liberté, la charité dans le monde et l'élève à la hauteur d'une fonction politique, d'une condition de la société moderne! » Ainsi apparaissaient dans ce premier écrit de jeunesse les idées directrices de sa vie. Ainsi se liaient, dans sa pensée, avec une mystérieuse harmonie, toutes les causes auxquelles il brûlait de se dévouer. Comment, avec les illusions de la jeunesse, aurait-il vu avec effroi les événements de 1848? Ses aspirations vers la liberté étaient tellement profondes qu'il se sentait attiré par tout ce qui parlait d'elle et ouvrait aux imaginations un champ de réformes sans limites : « Je souhaite très loyalement, écrivait-il alors, que la République, si elle est possible, s'établisse en France; il me semble qu'elle est la forme naturelle du gouvernement dans un pays comme le nôtre » ; mais il avait horreur de l'anarchie, et les journées de juin le virent à son rang faisant vaillamment son devoir. Ce qu'il voulait avant tout, c'est qu'on mît à l'étude des réformes longtemps attendues.

C'est en 1849, au sein de la célèbre commission, que se formèrent ses relations d'intimité avec M. Thiers, M. Cousin, M. Saint-Marc Girardin : ils se lièrent pendant cette longue préparation de la loi de 1850 sur la liberté d'enseignement qui, suivant le mot spirituel de son auteur, est « connue sous le nom de loi du 15 mars 1850 pour ceux qui veulent en dire du bien, et sous le nom de loi Falloux pour ceux qui veulent en dire du mal ». Traité de paix qui devait durer un demi-siècle et qui n'a pas été inutile, puisqu'il devait enfanter des traditions assez fortes pour rendre impossible en notre pays la résurrection du monopole à jamais condamné de l'Université, telle que l'avait conçue le premier Empire.

La loi votée, la tâche n'était pas terminée. « La liberté, écrivait Augustin Cochin, ne manque plus aux hommes religieux; il s'agit de savoir s'ils manqueront à la liberté. » Pour initier les Français à la pratique de la loi nouvelle, un comité ayant été formé sous la présidence du comte Molé, Augustin Cochin en fut le membre le plus actif.

Depuis la mort de son père, il avait trouvé un constant appui auprès de son oncle, le comte Benoist d'Azy : député, vice-président de l'Assemblée Législative, occupant une grande place dans le monde politique, il y avait introduit son neveu. Il s'attachait à ce jeune esprit dont il observait avec joie l'épanouissement. Augustin n'était pas seulement retenu auprès de lui par la reconnaissance ; une sympathie autrement vive l'attirait et lui montrait dans cette famille l'avenir de sa vie. En août 1849, il épousait Mlle Benoist d'Azy, qui devait lui apporter toutes les qualités d'esprit et de cœur que pouvait rêver une âme ardente cherchant dans le mariage, non seulement l'accord des caractères, mais la plus parfaite union des volontés. Son existence était désormais transformée. Il écrivait deux ans après : « Tant que mon cœur a été vide, c'était comme une maison inhabitée, muette à tout venant, portes et fenêtres closes. Il y a maintenant des fleurs à toutes les portes, de la lumière à toutes les vitres. Tout se réjouit[1] ».

Loin de ralentir son activité, les joies du foyer domestique qu'il avait toujours rêvées la stimulèrent : il continua toutes ses œuvres, se prodiguant envers tous, cherchant par quels sacrifices de son temps ou de ses forces, il pouvait payer la rançon de son bonheur. Lorsque la Providence lui envoya des enfants, chacune de ces dates fut consacrée par une fondation : École de filles à la campagne, maison de vieillards tenue par les Petites sœurs des Pauvres à Paris, telles étaient les étapes d'une vie qu'il voulait avant tout rendre utile à ceux qui souffraient.

Ce prodigieux besoin de se dépenser, de se donner aux autres aurait suffi à lui faire accepter les fonctions d'adjoint au maire du

1. Lettre du 22 octobre 1853.

X° arrondissement : au point de vue général, il voyait un grand bien à accomplir pour l'assistance, pour la direction des écoles, pour la sincérité des élections ; au point de vue personnel, c'était un acheminement vers le conseil municipal. Si jamais ambition fut inspirée par l'atavisme, ce fut celle d'Augustin Cochin. De 1815 à 1830, son grand-père et son père s'étaient succédé à la marie du Panthéon, et en remontant plus haut, depuis Cochin, échevin de Paris sous saint Louis, en 1268, les charges munici-pales, les fonctions consulaires, les adminis-trations des pauvres avaient été, de siècle en siècle, confiées à des membres de sa famille. Exemple, rare à Paris, fréquent dans nos provinces, de cet attachement héréditaire au service public qui, en étant l'honneur du tiers-état, a fait la force de notre vieille France ! Le souvenir de ce long passé de dévouement le détermina et, à partir de 1850, les fonctions qui l'appelaient chaque jour à la mairie de la rue de Grenelle s'ajoutèrent à ses œuvres privées.

Les réunions d'ouvriers, les visites des pauvres tenaient une place de plus en plus grande dans sa vie. Il ne se lassait pas d'étudier le problème du paupérisme, notant combien est faible l'écart des ressources entre le travailleur à l'aise vivant de son salaire quotidien, sans avances, ni réserve, et l'indigent incapable de se suffire sans secours. Il était convaincu que la plupart des utopies naissent dans des cerveaux qui n'ont pas vu de près les faits. N'était-il pas préparé mieux que tout autre à comprendre Le Play? Lorsqu'il le rencontra, son impression fut profonde; il entendit la lecture des études alors inédites sur l'organisation sociale qui repose partout sur la constitution de la famille; il vit naître et grandir le livre des *Ouvriers Européens*, dans lequel l'auteur avait eu l'art de réunir des fragments signés par de jeunes et brillants disciples. Il rédigea plusieurs monographies, et donna, sur l'ouvrier de la capitale, des analyses si précises, des jugements si sûrs que Le Play rend hommage à tout ce qu'il lui doit pour Paris. Sa collaboration devait devenir plus intime encore, et jusqu'à l'apparition des *Ouvriers Européens*, il fut employé au classement et à la mise en état de cette enquête sans précédents. Elle parut le jour où s'ouvrait l'Exposition universelle de 1855, à laquelle l'auteur avait appliqué sa puissance d'organisation; ce fut un double triomphe. Moins systématique que son maître, plus jeune et plus optimiste, Augustin Cochin n'adoptait pas toutes ses idées, il était moins sévère pour son temps, mais il admirait, chez l'auteur de la *Réforme sociale*, une préoccupation morale, un respect du père et de la femme, une critique hardie de tout ce qui abaissait la famille, et surtout un courage de jugement qui faisait de lui un chef. L'Exposition acheva de les rapprocher.

En voyant ce que l'industrie avait produit dans le monde entier, tant de chefs-d'œuvre et tant de richesses, comment ne pas faire un retour sur l'ouvrier, comment ne pas songer à celui dont le travail obscur avait produit ces merveilles? L'Exposition était ouverte depuis peu, lorsque jaillit cette pensée d'une réunion spéciale des objets utiles aux ouvriers ; en quelques jours, elle prit corps. Augustin Cochin fut-il l'auteur du projet? Ce qui est certain, c'est qu'il en fixa les conditions avec Le Play, fut nommé Président du Jury et qu'il en devint plus tard le rapporteur; ce qui est encore moins douteux, c'est l'immensité de la tâche qu'il fut chargé d'accomplir : il s'agissait de créer de toutes pièces une exposition dont nul exposant n'avait eu la pensée ; allant visiter toutes les classes, frapper à toutes les portes, interroger tous les patrons, le futur rapporteur rassemblait tout ce qui pouvait profiter à l'existence de l'ouvrier, tout ce qui, par la bonne fabrication et le bon marché, devait contribuer à son bien-être. « La Galerie d'économie domestique », c'est le nom qu'il lui donna, fut entièrement organisée par lui ; il eut la joie de voir la foule des ouvriers s'y presser. Il avait l'ambition d'améliorer leur sort ; il voulait « poursuivre l'idéal chrétien d'une vie plus heureuse pour le plus petit des hommes[1] ».

Son rapport devançait les préoccupations de notre temps. « L'état misérable et malsain des logements de la plupart des ouvriers et des paysans, disait-il, est une des causes premières de la misère, de la maladie, de l'abandon de la famille, des vices, des crimes ; cela n'est pas contestable.

« Les ouvriers et les paysans, comme les membres de toutes les autres classes de la société, se divisent de plus en plus en deux groupes : ceux qui vivent dans la famille, qui s'y plaisent... et ceux qui vivent en dehors de la famille, se laissant entraîner à prendre au cabaret des jouissances en commun.... De quel côté est la santé, la

1. Lettre de 1867.

moralité, le bonheur? Qu'on le demande aux enfants et aux femmes de ces ouvriers? »

Il montrait l'utilité de cette exposition, son succès, et n'hésitait pas à déclarer que « désormais, aucune exposition universelle ne doit avoir lieu sans qu'un large espace soit réservé à l'exhibition spéciale des objets utiles au bien-être physique ou au développement intellectuel des classes les plus nombreuses de la société[1]. ». En 1867, il renouvela ses efforts et son appel fut entendu.

Quatre expositions universelles se sont ouvertes à Paris depuis un demi-siècle et les vœux du rapporteur de 1855 ont été une prophétie. Ce n'est pas au milieu de vous, Messieurs, qu'on peut ignorer que d'époque en époque la place consacrée aux ouvriers s'est agrandie. Nous nous souvenons tous de l'éclat que Jules Simon et Léon Say donnèrent à l'exposition d'Économie Sociale de 1878, et parmi ceux que

---

1. Rapport de M. Cochin au jury de la 31° classe.

nous nous honorons d'avoir appelés dans notre Compagnie, nous sommes heureux de compter encore aujourd'hui les plus fidèles promoteurs [1] de l'idée qu'avait conçue Augustin Cochin.

La condition de l'ouvrier était sa préoccupation constante; au cours de ses enquêtes, il avait souvent envié ce rôle du patron, du chef d'industrie qui peut connaître ceux qu'il emploie, les apprécier, améliorer leur sort; il entendait répéter que les progrès de la grande industrie creusaient un fossé de plus en plus profond entre les classes, que la société anonyme isolait le travailleur et qu'entre l'administrateur et l'ouvrier, il n'y avait aucune possibilité d'établir ce contact qui, en faisant tomber les préjugés, contribue à la paix. Ces réflexions décourageantes dont s'accommodait le pessimisme, irritaient M. Cochin. Il avait hâte de les mettre à l'épreuve. Les circonstances allaient lui

1. MM. Lefébure et Cheysson.

donner un moyen d'étudier de près la grande industrie.

Son père, qui avait compris des premiers l'avenir des chemins de fer, avait fait partie du conseil de la Compagnie d'Orléans. Augustin Cochin y entra douze ans après lui. S'attachant aux affaires, les étudiant avec soin, montrant la solidité de son esprit pratique, il ne perdait pas une occasion d'entrer en relations avec le personnel. Une société de secours mutuels fut fondée en 1865 parmi les ouvriers et les employés; il s'agissait d'assurer des secours de maladie et surtout des retraites; dès le début, 1200 membres s'inscrivirent à Paris. M. Cochin allait régulièrement présider leurs réunions, et ses harangues, répétées de bouche en bouche, contribuaient à accroître rapidement le nombre des sociétaires. Membres du conseil et ingénieurs étaient d'accord avec lui pour multiplier ces fondations : sous les formes les plus différentes, elles étaient destinées à améliorer le sort matériel et moral du personnel : classes du soir ouvertes dans les ateliers pour les ouvriers et les apprentis; conférences techniques les initiant à l'objet de leurs travaux; écoles; ouvroir pour les filles confié aux Sœurs de Saint-Vincent-de-Paul; réfectoire pour les ouvriers, telles sont les œuvres parmi lesquelles la tradition, continuée jusqu'à notre temps, a perpétué le souvenir de M. Cochin.

Il apporta à Saint-Gobain, dont il devint administrateur, les mêmes soucis : jamais il ne s'était senti plus rapproché des ouvriers. « C'est la découverte d'un monde nouveau », écrivait-il; il lui semblait qu'il avait charge d'âmes. Loin de toute ville, habitant auprès de la vaste manufacture fondée par Colbert, dans un admirable site tout entouré de forêts, il prenait part aux délibérations du conseil et, aussitôt la séance levée, il allait visiter les familles des verriers, s'enquérait de leur vie, examinait leurs logements, les conditions de leur existence, et cherchait les moyens de l'améliorer. Pour mieux remplir ses fonctions, il avait étudié la chimie par devoir et s'y était senti attiré par goût. Il visitait périodiquement tous les établissements de Saint-Gobain, allant successivement en Lorraine, dans la Prusse rhénane, à Manheim, puis revenant à Chauny, inspectant partout les créations de la Compagnie : chapelles, écoles, logements et jardins d'ouvriers, magasin de denrées, rassemblant et présidant les associations fondées pour établir la vie à bon marché, les sociétés musicales et les sociétés de tir, suscitant ces initiatives là où elles n'étaient pas nées.

Lorsque vint le deuxième centenaire de la fondation de Saint-Gobain, il en écrivit l'histoire. Il était heureux de penser qu'il n'était pas de récit qui fît mieux connaître les grandeurs et les misères de l'ancien régime, les difficultés et les bienfaits de notre siècle. Édifiée par le génie d'un ministre, dotée d'immenses privilèges, armée du monopole des glaces, la manufacture royale de Saint-Gobain éprouva les crises les plus diverses;

à la suite de prospérités éclatantes, de déclins, puis de renaissances, elle avait traversé la Révolution sans destructions et, au xixᵉ siècle, le progrès de son industrie avait mis hors de conteste sa supériorité. Tout s'était modifié peu à peu : les procédés comme la condition des verriers. A la tyrannie qui accompagne tout monopole, aux poursuites, aux arrestations, aux emprisonnements des ouvriers risquant d'emporter avec eux les secrets de la fabrication, avait succédé la pleine liberté. M. Cochin, qui aimait passionnément son temps, était heureux de trouver une occasion de rendre hommage à la fois au progrès et à la tradition, à la vieille aristocratie de la France qui, dans ses meilleurs éléments, avait compris et secondé l'œuvre de Colbert, qui s'y était attachée et y était demeurée fidèle, et à l'esprit nouveau qui avait transformé nos institutions et amélioré le sort des ouvriers[1]. Il était du petit

1. La grande médaille d'or du prix Audéoud, destinée « à encourager les services relatifs à l'amélioration du

nombre d'hommes qui se plaisent à honorer le passé, sans le regretter.

Les manifestations extérieures donnent une faible idée de l'activité intellectuelle de M. Cochin. Il s'intéressait à tout et il avait besoin d'exprimer sa pensée par la parole et la plume. Il remplissait de ses articles les *Annales de la Charité* qu'avait fondées M. de Melun. Il écrivait dans le *Correspondant* qui groupait alors, autour de M. Lenormant, tous ceux qui, en face des doctrines absolutistes, étaient résolus à faire comprendre aux catholiques qu'ils ne trouveraient de garanties que dans le respect de la liberté; la guerre d'Italie avait donné aux évêques, trop confiants envers l'empereur, les plus rudes leçons; en face de la politique impériale trahissant à force d'indécision tous les partis, il n'était

sort des classes ouvrières » a été décernée par l'Académie des Sciences morales et politiques, en 1893, à la Manufacture de glaces de Saint-Gobain, Chauny et Cirey et, en 1901, à la Compagnie du chemin de fer de Paris à Orléans, ainsi qu'aux autres grandes Compagnies de chemins de fer français.

que temps de ranimer chez les catholiques le sentiment de leur indépendance ; il y avait une grande politique à suivre : rendre aux découragés l'espérance, montrer ce que peuvent, dans notre temps, l'initiative et l'association, réconcilier les esprits religieux avec les forces que mettent à leur disposition les sociétés modernes, lutter avec plus de persévérance pour la défense des idées que de haine contre les personnes, mettre fin aux combats individuels pour donner l'impression d'un grand effort vers la justice et le progrès par les seules armes de la parole et de la presse, voilà le rôle qu'Augustin Cochin voulait, avec ses amis, assigner, non au parti catholique — expression qu'il repoussait — mais aux catholiques de tous les partis. Il était l'âme du *Correspondant,* écrivant beaucoup, signant moins souvent ; sa correspondance, précieusement conservée, en nous initiant aux travaux si divers de sa vie, nous apprend avec quel oubli de lui-même, avec quelle absence de vanité littéraire, sortaient de sa plume des morceaux qui ne portaient pas son nom. Et parmi ceux qu'il avait signés, quelle variété ! quelle attention à suivre les questions à l'étranger ! Ce n'était pas seulement l'apologétique où il excellait, la politique extérieure, dont il suivait la marche hésitante et périlleuse, le Saint-Siège menacé dont il défendait les droits, mais il ne laissait rien échapper de ce qui touchait à la charité, à l'instruction populaire, aux diverses formes d'assistance, à la condition des ouvriers, au progrès des sciences ; pour suivre ces questions, il franchissait les frontières, allait au delà de la Manche et par delà l'Atlantique, et si l'on ajoute les biographies qu'il consacrait à ses amis, on est confondu du nombre et de l'étendue de morceaux qui, s'ils étaient réunis, rempliraient plusieurs volumes. Combien serait-on plus effrayé si on pouvait mesurer ce qu'était pour l'écrivain la tâche cachée !

Les vies pleines d'œuvres diverses ressemblent à un tourbillon perpétuel qui entraîne, charme et épuise; comment se détacher d'une d'entre elles? toute rupture paraît une désertion; et cependant les forces ne suffisent pas; il faudrait ralentir le mouvement et il redouble. Le temps fuit; les années s'écoulent de plus en plus rapides; on rêve de laisser après soi un livre, et les plus beaux projets sont étouffés par la tâche quotidienne. Augustin Cochin résolut de conquérir sur sa vie les heures nécessaires. Il avait conçu une étude qui devait, dans sa pensée, aboutir à des résultats pratiques. Il avait admiré la ténacité de ce membre de la Chambre des communes qui avait, à lui seul, déterminé l'Angleterre à abolir l'esclavage : ce que Wilberforce avait fait dans l'assemblée délibérante de son pays, ne pouvait-on y parvenir en faisant appel, par un livre, à l'opinion du monde civilisé? Il entendait se faire le soldat d'une cause qui satisferait à la fois son cœur et son esprit.

L'esclavage dénoncé, accusé, combattu par

tous ceux dont le nom avait jeté en France quelque éclat sous la Restauration et sous le Gouvernement de Juillet, avait été définitivement exclu de nos colonies en mars 1848. Ce n'était pas assez. Les crimes de l'humanité ne souffrent ni trêve, ni repos. En constatant que plus de sept millions d'êtres humains étaient encore esclaves dans les nations chrétiennes, M. Cochin s'était senti humilié comme homme et comme croyant. Le souffle qui avait animé en France les Broglie, les Tocqueville et les Wallon passa sur lui et lui inspira le beau livre qu'il consacra à l'Abolition de l'Esclavage. On était en 1861 : l'heure était solennelle. La crise qui allait déchirer les États-Unis venait d'éclater : elle n'avait pas d'autre cause que l'émancipation décrétée par le Nord et contestée par les possesseurs d'esclaves « se levant en armes pour sauver aux dépens de la patrie leur propriété vivante ». Il ne s'agissait donc pas d'un livre de théorie, mais des plus terribles réalités.

Comment les décrire? et la démonstration la plus saisissante n'était-elle pas de mettre en regard les pays à esclaves, et les pays émancipés? De là, la division de l'ouvrage. Le premier volume montrait les résultats de l'abolition de l'esclavage dans les colonies françaises, anglaises, danoises et suédoises. Qui doute aujourd'hui des avantages de la liberté? Il n'en était pas ainsi en 1860, douze ans après l'abolition soudaine décrétée en 1848. Ceux qui se souviennent n'ont pas perdu la mémoire des rancunes persistantes et de la violence des polémiques. L'œuvre de M. Cochin venait à son heure. Ce n'était pas un pamphlet, mais un livre plein de faits précis, de documents certains, jetant sur l'évolution des pays affranchis les clartés les plus vives. Ses conclusions étaient éclatantes : on avait dit que nos colonies seraient ruinées; dix ans après l'émancipation, les exportations avaient augmenté. On avait dit que les noirs révoltés seraient réfractaires à toute civilisation; les libérés payent l'impôt

et prennent goût à la propriété ; la famille,
détruite par la servitude. s'était consti-
tuée, et aux 1 700 mariages célébrés en dix
années avant 1848, la statistique opposait
38 000 unions pendant la même période
après l'affranchissement. Ce résultat était
inévitable, puisque « le même jour, dit
M. Cochin, à la même heure, les colonies
ont vu naître deux choses saintes, la liberté
et la famille ». Assurément, le travail chez
les affranchis n'était pas en honneur, mais
pouvait-on en accuser la liberté, et n'était-ce
pas le crime même de la servitude?

Qui oserait nier que la cause de l'émancipation était gagnée, si l'on en jugeait par les
seules contrées où la servitude était abolie.
A ces conclusions peut-on opposer le spectacle des pays où règne l'esclavage? Telle est
la question que M. Cochin traite dans le
second volume. Au Brésil, en Espagne, aux
États-Unis, il observe la situation des noirs,
les raisons qui doivent hâter l'affranchissement et les prétextes qui l'ajournent : cette

étude est un modèle de discussion politique :
relations des classes entre elles, besoins de
l'agriculture, conditions du travail servile,
valeur de la main-d'œuvre libre, état moral
des esclaves, crise intérieure que produit
l'esclavage et difficultés qui naîtraient de sa
suppression, tout est examiné. A lire ces
pages tout enflammées d'espérances, qui
oserait médire de ces confiances hardies que
le vulgaire se plaît à rabaisser en les traitant
d'idéalisme, de vision ou d'optimisme ? Il y
avait en Europe, en 1861, il faut s'en
souvenir, des partisans plus ou moins avoués
de l'esclavage; on osait faire des souhaits,
lors de la guerre de sécession, pour la victoire du Sud. Heureuse destinée d'un livre
qui était un acte de courage! Traduit en
Amérique, répandu dans les deux mondes,
couronné par l'Académie Française, il con-
tribua à refroidir le zèle des esclavagistes, à
réchauffer la foi de ceux qui, dans les répu-
bliques ou sous les monarchies, parmi la
foule ou sur le trône, devaient être aux

États-Unis, en Espagne et au Brésil les instruments de la libération. Et aujourd'hui encore, alors que tous les pays chrétiens sont délivrés de cette honte, que le livre d'Augustin Cochin semble avoir accompli sa mission, il vient aider au profit des derniers esclaves, des noirs d'Afrique, l'œuvre libératrice, faisant écho aux discours enflammés du cardinal Lavigerie et au travail persévérant accompli par notre vénéré confrère, M. Wallon, jusqu'aux dernières limites de sa vie.

Au livre succéda l'action. Secrétaire du comité anti-esclavagiste, qui se fonda sous la présidence de M. Laboulaye, en relations avec les comités étrangers, Augustin Cochin entretenait la correspondance la plus active, provoquait des travaux, appelait à Paris les délégués de ces sociétés. Les réunions d'études furent brillantes : des rapports furent lus, des discours prononcés par l'auteur de l'*Abolition de l'Esclavage*. Ces conférences, entrées aujourd'hui dans nos mœurs, alar-

maient le gouvernement impérial qui,
après les avoir autorisées, les interdit. Il
fallut se servir de la presse étrangère,
envoyer aux souverains, aux chefs d'État des
adresses que rédigeait le plus souvent
M. Cochin. C'est ainsi que fut entretenue
l'agitation la plus féconde.

C'était, parmi ceux de sa génération, un
des esprits les plus libres et les plus justes.
Avec des convictions profondes, d'une
extrême sévérité pour lui-même, il était très
indulgent pour les autres; ceux qu'il blâmait
le plus vivement, il ne les écrasait pas d'un
mot dur; il avait horreur des haines de
classes. Il ne tolérait autour de lui de malé-
dictions ni contre les choses, ni contre les
hommes. A un découragé, il écrivait[1] :
« L'état du monde vous afflige et le sang versé,
l'injustice triomphante, l'insolence exaucée,
le bien humilié, tout cela vous arrache des
larmes. Ces tristes choses sont des décep-

1. Lettre du 13 juillet 1865.

tions, parce que nous nous flattions d'habiter un siècle où elles ne seraient plus possibles, mais elles ne sont pas des nouveautés. Bien loin de pleurer le passé, il faudrait pleurer parce que le présent lui ressemble et que l'histoire des hommes est toujours honteuse et sanglante. »

Il avait observé que, pour ceux qui étaient placés trop haut ou trop bas dans l'échelle sociale, le point de vue changeait, les opinions étant dominées par les passions. « Plus je vais, écrivait-il, et plus je remercie Dieu de ne m'avoir fait ni aigle, ni limace, ni roi, ni gueux, mais en toutes choses de cette situation moyenne où l'on est plus homme, voyant d'assez près le haut pour n'en être point envieux, et le bas pour lui tendre de bon cœur la main [1]. »

Il redoutait surtout qu'on prononçât contre une classe tout entière des mots impardonnables. « Ne laissons pas dire, écrivait-il

1. Lettre du 7 octobre 1857.

en 1864, que le peuple est ingrat et révolté.
Il veut violemment changer de position, cela
est vrai, serions-nous plus patients à sa
place[1] ? »

Et ce qu'il écrivait ainsi dans l'intimité de
sa correspondance, ce qu'il répétait dans ses
entretiens avec les riches, pour exciter leur
initiative, réchauffer leur charité et leur
faire comprendre leur devoir, jamais dans
un discours, jamais dans une publication, il
n'en a laissé échapper l'écho : il lui eût été
facile de conquérir les faveurs du peuple en
le flattant; en lui parlant de je ne sais quel
vague socialisme; tel était son amour sincère
du vrai qu'il ne fit pas une concession à la
popularité. Ses amis ne le tenaient pas seulement pour un écrivain, ils voyaient en lui un
esprit original et juste, brillant et solide,
un de ceux que les plus âgés allaient con-
sulter, que les plus jeunes suivaient, que
tous avaient profit à écouter.

1. Lettre du 7 mars 1864.

Depuis l'éclatant succès de son livre, sa place était marquée à l'Institut. M. Thiers comme M. Guizot, M. Mignet comme M. Cousin l'y appelaient. En février 1865, il entrait dans la section de Morale.

Il en ressentit une joie d'autant plus vive que sa sérénité n'était pas sans mérite. Les hommes de son âge s'était partagés en divers groupes. Privés par le coup d'État et l'avènement de l'empire de toute espérance d'entrer dans la vie publique, les uns en avaient pris leur parti en se détournant à jamais de la politique, d'autres avaient embrassé des professions libérales qui leur permettaient de se tenir prêts le jour où la parole serait rendue à la France. Augustin Cochin n'avait pas entendu aliéner son indépendance lorsqu'il avait accepté les charges municipales qui, à Paris, étaient étrangères à la politique et le rapprochaient non des puissants, mais des humbles. Il se consacrait aux enfants, aux malades, aux indigents et demeura maire jusqu'au jour où

il jugea menacées les causes qu'il servait.
Entre ses fonctions et ses convictions, il
n'hésita point.

Parmi les œuvres de dévouement entre
lesquelles se partageait sa vie, il plaçait au
premier rang cette création d'Ozanam qui,
dans les conférences de Saint-Vincent-de
Paul, mettait les riches au service des pauvres
et avait ce rare mérite de montrer de bonne
heure aux jeunes gens ce qu'étaient les
misères humaines, de leur apprendre à
donner et d'ouvrir ainsi, pour les heureux
de ce monde, une sorte d'école primaire de
la charité. Le gouvernement, acclamé par les
journaux démagogiques, frappa la Société
de Saint-Vincent-de-Paul; c'était déclarer la
guerre à la charité. M. Cochin ne se con-
tenta pas de protester en d'éloquents articles,
réclamant le droit d'association; il montra
que cet acte arbitraire prouvait aux plus
aveugles combien il était urgent de réformer
nos lois, et que la seule solution était de
donner aux citoyens les garanties de la

liberté. Il aurait voulu joindre les actes aux paroles : dans le sein du Conseil général de la Société dont le ministre de l'Intérieur avait prononcé la dissolution, il soutint qu'il fallait déférer aux tribunaux la mesure ministérielle, il supplia ses confrères d'organiser la résistance légale; il y voyait moins une chance de succès qu'un moyen de réveiller l'opinion, et de rendre aux mœurs une vigueur sans laquelle un pays est indigne d'être libre. Mais les caractères étaient affaiblis par l'absence de vie publique : on n'était plus au temps où Montalembert, à vingt ans, ouvrait une école libre pour obliger le gouvernement à accorder la liberté d'enseignement. Là, où M. Cochin aurait voulu la liberté conquise, on se résigna, un peu trop facilement à son gré, à la tolérance.

Il aimait la lutte pour le droit qui est le signe des races fortes. Il avait beaucoup étudié l'Angleterre dont il admirait les mœurs publiques.

Il s'y était rendu ⟨pour examiner les problèmes que soulèvent les grandes agglomérations urbaines : il vit de près la misère des faubourgs de Londres, la plus hideuse qui soit au monde. Il parcourut Manchester et Liverpool, le pays du charbon et le pays du tissage ; à Londres, il visita les premières habitations modèles qui venaient d'être achevées pour les ouvriers, les prisons, les *workhouses*. M. Gladstone le conduisait lui-même dans les hôpitaux : le soir, il entendait, à la Chambre des communes, un grand discours prononcé par son compagnon de la matinée; tous ces spectacles le frappèrent, mais aucun ne parvint à effacer l'impression produite par une misère, que, disait-il, « l'imagination ne pouvait concevoir ». Rapprochant le remède et le mal, rapportant les jugements sur les abus de la taxe des pauvres, il revint à jamais convaincu de l'impuissance et des dangers de tout ce qui ressemblait à la charité légale.

Ses études, ses réflexions, ses œuvres, tout affermissait en lui les idées libérales qui étaient la conviction de sa jeunesse. Il y était attiré par sa raison aussi bien que par les dons de son intelligence, qui le mettaient au premier rang de ceux qui savaient user de la parole. Dans cette société brillante de l'opposition sous l'empire, cet esprit vif et ferme avait pris peu à peu une grande place.

Tout jeune, au milieu des hommes les plus considérables, il s'était fait juger avec faveur en parlant peu et en sachant écouter. Pour la jeunesse, c'est le secret du succès. Auprès de personnages de grande expérience, écrivait-il à vingt-huit ans, « le mieux est de s'instruire et non pas de se produire; tout le temps que je parlais était perdu et tout le temps que j'écoutais mis à profit[1] ». Cette réserve discrète avait attiré vers lui, multiplié les relations qui étaient devenues par la suite de fortes amitiés : Augustin Cochin vivait dans leur intimité ; en face des événements

1. Lettre du 30 mai 1851.

qui se pressaient, de la guerre d'Italie et de
ses conséquences, du gouvernement impérial
et de ses desseins obscurs, en présence des
croyants de la même foi que divisait la politique et qui portaient leurs plaintes jusqu'à
Rome, il éprouvait les mêmes émotions que
ses amis; la collaboration à des œuvres communes, puis les souffrances semblables avaient
formé un bataillon dont les rangs étaient
serrés : l'un, avec sa fougue, le prestige de
son passé, l'éclat de sa parole, charmait et
entraînait; l'autre, moins passionné quoique
aussi ardent, mais plus politique, faisait pré-
valoir son autorité dans les conseils; un
troisième, plus jeune, ayant tous les dons de
l'historien, se signalait par une rare puissance
de dialectique; on vivait pendant l'hiver, en
étroite communauté de travail et d'idées;
l'été, lorsqu'on se dispersait, Augustin Cochin, partant le dernier, partageant ses
semaines entre les réunions de famille dans
le Nivernais et plus tard sa propriété voisine
de Corbeil, voyageant aisément, toujours

prêt à voler vers ses amis, allait retrouver
M. de Montalembert dans son vieux château
de Bourgogne, M. de Falloux dans son grand
domaine agricole d'Anjou, M. Albert de
Broglie en Normandie, puis il revenait à
Orléans, rapportant à Mgr Dupanloup les
projets de publication, les épreuves corri-
gées.

Autour de ces figures amies, de ces colla-
borateurs habituels, que d'intelligences vers
lesquelles il se sentait attiré! C'était M. Vitet
avec sa grâce sévère et douce, M. Guizot
qui en accueillant les jeunes gens éprouvait
la joie d'une découverte, M. Mignet, s'attachant d'autant plus à lui depuis son élection
qu'il l'avait distingué avant qu'il le nommât
son confrère, M. Saint-Marc Girardin qu'il
était, l'été, heureux de retrouver à Morsang
au milieu de sa famille et de ses livres,
M. Berryer qui le recevait à Paris ou à Au-
gerville, le laissant fasciné par sa parole et
son regard, et enfin celui qui exerçait sur lui
la plus profonde impression, M. Thiers, dont

le salon ouvert chaque soir réunissait tout ce qui parlait et pensait; il allait le voir souvent, était reçu à toute heure : « Je l'ai trouvé s'habillant, écrit-il, toujours excellent pour moi, étonnant de vigueur d'esprit, traversant comme un fleuret d'acier la politique, la philosophie, les arts, tout en serrant ses bretelles[1] ». « La plupart des gens d'esprit aiment ce qu'ils disent et ce qu'ils font, parce qu'ils s'aiment eux-mêmes. Quand on a encore plus d'esprit, comme M. Thiers, on aime la vérité, la science, pour elles-mêmes, non plus pour soi[2]. » Il rentrait de ses soirées place Saint-Georges émerveillé. « Je reviens toujours ébloui, dit-il, de sa prodigieuse et universelle intelligence[3] », et il fait des vœux pour qu'il se décide à faire une campagne électorale. Dans ce temps de silence que, seules, venaient rompre les conversations de salon, sa correspondance nous

1. Lettre du 15 septembre 1863.
2. Lettre du 3 octobre 1863.
3. Lettre du 14 décembre 1860.

fait voir avec un charme incomparable ce mouvement des intelligences, cet effort en toutes les directions vers le bien, qu'il s'agisse de pauvres à secourir, d'ignorants à instruire, d'œuvres à fonder, d'idées à recueillir, de mauvaise politique à combattre.

Les incidents se multipliaient : le *Correspondant* et M. de Montalembert étaient poursuivis. M. Cochin se tenait auprès des prévenus dans cette petite salle de la police correctionnelle où se pressaient, autour de M. Villemain, du duc Victor de Broglie, de M. Odilon Barrot, tous ceux qui portaient le deuil de la liberté. « Berryer et Dufaure, écrivait-il le soir même, l'ont merveilleusement défendu : Berryer, avec toute la splendeur de sa parole vibrante et de son âme passionnée; Dufaure avec la véhémence toute-puissante d'une logique nerveuse et lumineuse qui tombait sur le réquisitoire comme la faux d'un moissonneur sur les épis... mais aucune publicité, aucun écho. A peine deux cents personnes devinent qu'il y a là le premier combat de la presse contre le pouvoir absolu [1]. »

Les débats judiciaires avaient encore, aux yeux des ministres, trop de retentissement. On recourut aux avertissements, peine terrible qui précédait la suppression. Des articles de M. Cochin qui suivirent la guerre d'Italie, et dans lesquels était défendu le Pape, attirèrent la foudre.

Il était temps que la France retrouvât la parole. Aussi quelle ne fut pas la joie de M. Cochin lorsque M. Thiers se décida à se présenter. « Il nous l'a dit, écrit-il, dans une réunion où il a été admirable, sincère, ému, patriotique », et quelques mois après : « J'espère que vous aurez pu, en lisant le *Moniteur*, jouir des mâles accents qui sont enfin venus réveiller la nation française endormie dans le mensonge et la flatterie. La rentrée de M. Thiers et de M. Berryer est une page de notre histoire [2] ». « Finances, liberté,

1. Lettre de novembre 1858.
2. Lettre du 16 janvier 1864.

probité politique; honneur national, M. Thiers a porté sur tous ces points la lumière et dit la vérité; avec un seul but, l'amour de notre pays, et avec un talent encore grandi par la réflexion et la retraite [1]. »

En entendant ses maîtres, M. Cochin se sentit frémir : il était orateur. On ne le savait guère, dans le monde qui croit connaître toutes les réputations.

Lorsque la vie publique n'existe pas, quand la presse est muette, les renommées sont toutes locales. Admiré dans les cercles d'ouvriers, dans les sociétés de secours mutuels, acclamé dans les réunions populaires du faubourg Saint-Jacques, le talent de M. Cochin avait peu à peu grandi. C'est de Malines qu'était venu, à travers la frontière, l'écho de son plus grand succès : en 1863, devant une assemblée générale des Catholiques, à l'heure où se répandaient au sujet de Rome les plus vives alarmes, où

1. Lettre du 21 janvier 1864.

le pessimisme semblait le mot d'ordre des croyants, M. Cochin s'était levé pour saluer de ses vœux, au point de vue chrétien, les progrès de la science et de l'industrie; il avait choisi un sujet qui lui tenait au cœur et qui exprimait un des traits les plus saillants de son caractère : il était optimiste, et, loin de s'en cacher, il proclamait bien haut que dans le monde rempli de dévouements et de vices, de vertus et de crimes, la vue constante du mal, l'effort pour le faire sentir, en un mot la critique était l'état d'esprit le plus stérile. Chercher ce qui s'est fait de bien avec sincérité, s'attacher à le découvrir, en former un faisceau, montrer que chaque progrès matériel a racheté l'homme d'une servitude, arriver de degrés en degrés à faire voir dans ces affranchissements successifs la condition croissante de sa dignité, tel était le tableau qu'avait tracé M. Cochin; et comme il avait toujours besoin de donner à sa parole un but, il appelait de ses vœux des progrès nouveaux, l'abolition définitive de l'esclavage, le développement de l'instruction populaire et des institutions de prévoyance en faveur des ouvriers adultes.

N'était-il pas humiliant de penser qu'il fallait aller en Belgique pour avoir le droit d'entretenir la foule des progrès de la science et de l'industrie? Le bruit courut, dans l'hiver de 1864, que le gouvernement avait autorisé des lectures publiques; il demanda la permission de prendre la parole : il essuya un refus. « J'aurais bien voulu y parler, écrit-il, mais on a confié les conférences à des rédacteurs de l'*Opinion Nationale*; l'un d'eux a fait l'éloge de Marat. Je suis bien aise que nos enfants soient très jeunes : ils entreront dans la vie à une meilleure heure, je l'espère[1]. »

Il ne se découragea pas. En 1865, sur l'intervention de M. Duruy, les conférences furent enfin accordées. Cette fois, la cause semblait gagnée, les orateurs étaient annon-

[1] Lettre du 7 mars 1864.

cés, les sujets choisis, lorsque l'autorisition fût retirée brusquement. On jugeait dangereux de permettre à M. Albert de Broglie de traiter de la littérature, à M. Léonce de Lavergne de parler d'Adam Smith, à M. Louis Reybaud de la laine, à M. Albert Gigot de procédure criminelle, à M. Cochin de l'histoire de Paris. Il fallut attendre encore quatre années, pour rassembler à Paris un de ces auditoires que nos voisins du Nord tiennent pour une des conditions de l'éducation du peuple.

Il y a dans la vie des nations, en dehors des événements politiques, des dates qui laissent dans la mémoire des contemporains des traces lumineuses. Pour les jeunes gens parvenus à l'âge d'homme vers 1860, privés de toute action publique, isolés entre le mutisme de la presse et le silence des assemblées, tout mouvement, tout écho extérieur causait la joie d'une résurrection : le réveil de la Chambre en 1863, les premières réunions publiques en 1869, furent accueillis

avec une émotion dont ceux qui l'ont res-
sentie, malgré les années écoulées, malgré
les espérances déçues, ne perdront jamais le
souvenir. Entendre pour la première fois
MM. Saint-Marc Girardin, de Broglie, Laboulaye, Jules Simon , Léon Say , Augustin
Cochin, applaudir des paroles qui avaient été
si longtemps proscrites, n'était-ce pas pour
la jeunesse une fête incomparable?

Parmi ces vétérans de l'éloquence, Augustin Cochin tint dès le début une grande place.
Il possédait les dons de l'orateur : il y avait
en toute sa personne un charme étrange;
d'une taille moyenne, ayant dans sa démar-
che, sa physionomie, ses traits une rare dis-
tinction qui témoignait d'un tempérament
plus délicat que robuste, dès qu'il commençait à parler apparaissaient des qualités de
force que nul n'avait pu soupçonner. De ce
contraste se dégageait une impression indéfinissable. On s'était attendu à écouter l'élo-
cution facile d'un homme du monde, on se
trouvait en présence d'un orateur qui s'em-

parait de l'auditoire par la sonorité d'une
voix variée et puissante, par la sûreté du
geste, par la clarté d'un style jamais décla-
matoire, par une improvisation si dénuée
d'apprêts que les beaux mouvements sem-
blaient la suite naturelle de la pensée. On
se sentait attiré et conquis. Son regard était
pénétrant, sa bouche expressive et le front
d'une beauté rare inspirait le respect. Il
n'était pas de ces rhéteurs qui s'enivrent de
la parole, ni de ces vaniteux qui courent
après les succès. Il voulait agir sur ses semblables; il avait la passion de convaincre.
« Aucun bonheur, avouait-il, n'est compa-
rable au bonheur de faire entrer sa pensée
dans d'autres âmes et de les sentir sous sa
main comme une argile qu'on transforme et
qu'on embellit[1]. »

Faire comprendre à ses auditeurs la vérité,
dont il était pénétré, dont il était épris, voilà
sa jouissance idéale. Quand il parlait aux

1. Sur l'Abbé Perreyve.

Parisiens de Lincoln, de Grant et de Longfellow, il ne détachait pas, au hasard, de
l'histoire contemporaine des États-Unis, trois
pages qui avaient séduit son imagination;
il allait au fond du cœur humain pour le
remuer, voulant donner à la démocratie des
modèles et une leçon, cherchant tout ce qui
enseigne le secret de la vie, tout ce qui
ennoblit les ambitions, tout ce qui élève les
âmes, et se sentant fier de pouvoir s'écrier
avec le poète devant une foule française :
Excelsior.

Discours, conseils, voyages, présidences
de sociétés populaires, il semble que ce fût
assez pour l'existence la plus laborieuse, et
cependant si nous pénétrons dans l'intimité
de la vie de notre confrère, nous découvrons,
au delà de ces manifestations publiques, une
série de travaux qui étaient le secret de son
âme.

Sa plume était aussi rapide que sa parole; il écrivait beaucoup pour lui et pour
d'autres, envoyant aux uns des projets de

lettres, aux autres des plans d'articles et de
discours; il était toujours prêt à traduire sa
pensée en un acte qui paraissait avec ou
sans son nom. « J'apporte les fagots, disait-
il à un ami, et je suis trop heureux que vous
y mettiez le feu. » Sa correspondance était
énorme; on ne se souvenait pas qu'il eût
refusé un service; de toutes parts, on lui
demandait des conseils; sa franchise attirait
les confidences. « J'ai mal à la gorge, écrivait-il, et je profite de ma réclusion impar-
faite pour terrasser l'hydre des lettres, et
j'ai précisément à écrire à M. A. à Turin, à
Mme H. à Cannes, à M. de H. à Gand, à
M. S. à Boston, à M. G. à Londres, pour
dire aux uns : Aimez donc la vérité! aux
autres : aimez donc la liberté! à ceux-ci :
aimez donc la justice! à ceux-là : aimez donc
l'humanité. Vous voyez que c'est un sermon
international qui va partir de mon petit coin
du feu. Je ne puis me flatter que ma prose
ait le moindre effet sur tous ces grands intérêts. Je puis du moins me féliciter et remer-

cier Dieu parce que je les réunis tous dans un vif et égal amour[1]. »

Toutes les pensées de M. Cochin le rame-naient vers les moyens de soulager ses sem-blables, d'améliorer les conditions morales et matérielles de l'existence du peuple, vers l'étude des intérêts généraux. Comment n'au-rait-il pas eu la noble ambition de la vie publique? il s'y destinait à l'heure où elle avait été fermée aux hommes de sa généra-tion; il en reprit le chemin dès que la route s'ouvrit. En 1863, une première lutte avait groupé autour de lui de vives sympathies; mais on était au lendemain de la guerre d'Italie; il échoua devant les ardeurs anti-religieuses auxquelles s'ajoutait la pression gouvernementale. Six années s'écoulèrent. Sa candidature mit de nouveau aux prises à Paris les ardeurs des partis. Le pouvoir absolu avait décidément échoué. En présence des désastres du Mexique, des avortements

1. Lettre du 28 octobre 1863.

de la politique en Italie, des orages qui se formaient en Allemagne, la confiance avait fait place au doute. On était parvenu à l'heure critique où les gouvernements, suivant une parole célèbre, n'ont plus une faute à commettre. Nul ne songeait à maintenir la constitution de 1852. Devait-on réformer profondément le régime ou le renverser? M. Cochin croyait sincèrement qu'on pouvait établir les garanties constitutionnelles et faire l'économie d'une révolution. Il eut le courage de le dire; il en fut puni. Du moins, cette déception ne lui laissa pas d'amertume : il avait pu dire avec franchise ce qu'il était et se montrer libéral et catholique. Il sut être fidèle à la devise qu'il avait choisie pour la lutte : ardeur dans la bataille et paix dans la défaite.

Quelques mois plus tard, l'évolution qu'il appelait de ses vœux s'était produite. On voyait s'ouvrir, par une cruelle ironie du destin, sous les plus heureux auspices l'année 1870. A la réconciliation des partis, qui ramenait dans les grandes commissions

la plupart de ses amis, M. Cochin ne s'était
pas refusé. Les études spéciales sur l'administration des grandes cités le firent siéger
dans la Commission chargée de la réorgani-
sation de la ville de Paris. L'œuvre était
difficile : « il fallait ramener le contrôle sans
introduire le désordre [1] » ; son parti était
pris. Après avoir examiné le régime de toutes
les villes du monde, il était d'avis qu'il fallait ressusciter ces « libertés municipales qui
ont été en tout pays le berceau, l'école, le
rempart des libertés publiques ». Le plus
dangereux ennemi de la liberté n'était-il
pas l'indifférence ? En présence d'hommes
« déshabitués de tout devoir et dépouillés de
tout droit », la mission du législateur est,
suivant lui, de réveiller de leur torpeur les
citoyens de bonne volonté, de les intéresser,
de les associer en aussi grand nombre que
possible aux détails du gouvernement local.
Ce qu'il voulait pour Paris, c'était l'applica-

1. Lettre du 11 février 1870.

tion loyale des principes de 1789 qu'il avait éloquemment défendus [1], c'était l'œuvre même que, depuis un siècle, poursuivent tous ceux qui ont souci des destinées de la France, la formation de citoyens actifs, sérieux, dévoués à la chose publique, et prêts à lui sacrifier leurs forces et leur temps [2].

Ces travaux devaient aboutir à une loi. Ce fut le coup de foudre de juillet 1870 qui y mit fin. Toutes les réformes disparurent à la fois dans ce branle-bas sinistre. Comme ceux de ses contemporains qui, au delà des incidents de chaque jour, s'élevaient jusqu'à la philosophie de l'histoire, il lui était arrivé souvent de dire que l'empire s'écroulerait dans quelque infernale aventure [3].

1. *Correspondant*, septembre 1861, février 1863.
2. *Revue des Deux Mondes*, 1er juin 1870.
3. « Vous avez lu les discours de MM. Thiers, Rouher et Jules Favre. Quelle douleur patriotique et quelle fête intellectuelle apportent ces grandes luttes! Je ne sais si vous voyez, comme moi, la guerre derrière ces voiles d'éloquence... L'Exposition Universelle ne me paraît plus qu'une de ces toiles de théâtre qui représentent des feuil-

La réalité dépassait toute prévision. Mais il n'était pas de ceux qui, la guerre déclarée, délibèrent pour savoir où est le devoir. Il subordonnait tout à une idée fixe : se serrer autour du drapeau et assurer la victoire, dût-il sacrifier ce qu'il avait de plus cher. Huit jours après, aux nouvelles des premières défaites, son fils courait s'engager; le père le conduisait jusqu'au régiment, l'âme ferme et le cœur déchiré. Il rentrait dans Paris, apprenait coup sur coup nos désastres; à l'heure où tant de pensées diverses se croisaient, dans ce mois d'août 1870 où les âmes étaient bouleversées, où les esprits passaient des illusions à l'épouvante, M. Cochin n'avait qu'une pensée : le siège imminent. Il voulait que sa ville natale, la cité qu'il aimait d'un amour filial contribuât au salut de la patrie. Vers ce but furent tendus tous ses efforts.

jages et des ondes tranquilles, des charrues et des chaumières derrière lesquels se prépare un changement de décoration et un attirail infernal. Que le ciel fasse que je me trompe. » (Lettre du 17 mars 1867.)

Actes, paroles, écrits étaient également
destinés à susciter des forces et à les rassembler en vue de la résistance. Sous le
titre de *Paris devant l'ennemi*, il publia les
plus éloquents appels ; malgré nos défaites,
la foule croyait peu que Paris pût être investi
et encore moins qu'une ville de deux millions d'âmes, avec ses divisions politiques,
ses haines de classes, pût prolonger la
défense. Aux alarmés, M. Cochin racontait
l'histoire des fortifications, dépeignait leur
puissance, rendait hommage à la politique
prévoyante de 1841, à M. Thiers qui l'avait
inspirée, et déclarait Paris imprenable de
force : aux indifférents négligeant les prépa-
ratifs, il énumérait les mesures à prendre,
il faisait surtout appel à l'union. « L'ennemi,
disait-il, compte sur nos divisions. Il ne
connaît pas Paris et les Parisiens. Les
hommes savent se battre et les femmes se
dévouer, [1] » et quelques jours plus tard, alors

1. *Français*, 28 août 1870.

que l'attention publique était distraite par la chute de l'empire : « Nous sommes de ceux, dit-il, qui n'ont d'autre idée fixe dans la tête, d'autre passion dans le cœur que la défense nationale. C'est le moment de se taire, d'agir, de regarder le drapeau et d'avoir du cœur. Nous aurons de l'esprit et des opinions plus tard, quand il n'y aura plus en France que des Français [1] ».

Le siège donna lieu à d'étranges surprises. Aucune des prévisions ne se réalisa. On avait cru que la résistance serait courte; elle dépassa tous les calculs. On n'avait songé qu'aux privations matérielles; les privations morales furent les plus dures de toutes. L'absence de toutes nouvelles pesait sur les esprits : aucun bulletin de la guerre, aucune nouvelle de la province, les départements séparés par un infranchissable abîme. Où en étaient les armées? Avions-nous même une armée? Ce n'était pas seulement la prison.

---

1. *Français*, 8 septembre 1870.

C'était le silence morne qui double la souffrance du prisonnier, se demandant, avec les
angoisses du doute, si on songe à lui, si
ceux qui l'aiment se dévouent pour le sauver!
Les mois se passèrent sans que M. Cochin
sût ce que devenait son fils, s'il vivait
encore et sur quels champs de bataille ses
vœux et ses prières pouvaient le suivre.
Dans le cours ordinaire de la vie, les inquiétudes abattent. Aux heures troublées du
siège, elle redoublèrent la volonté de vaincre.
Les blessures de la patrie causaient de telles
douleurs que toutes les autres sensations
étaient comme émoussées et subordonnées à
celles-là. A cette torture morale, il n'y avait
d'autre allègement qu'un surcroît d'activité
et le dévouement aux autres allant jusqu'à
l'oubli de soi-même. M. Cochin, qui n'avait
jamais songé à ménager ses forces, les pro-
digua. Ses amis en étaient effrayés.

Inscrit des premiers, avec tous les siens,
dans le bataillon de garde nationale, il en
suivait le matin tous les exercices. Il ne les

quittait que pour rejoindre sa femme à l'ambulance qu'elle avait organisée. De là, il se
rendait aux fourneaux économiques qu'il
avait contribué à établir, inspectant les
réfectoires populaires, les cantines où étaient
distribués les aliments à bon marché, puis
allant visiter les pauvres, voir les familles
réfugiées de Seine-et-Oise. Il arrivait vers
trois heures au journal *le Français* où de
vaillants amis, écrivant sous son inspiration,
travaillaient à relever les cœurs ; souvent il
apportait quelque article, presque toujours
des nouvelles : il était passé au Louvre,
avait vu le général Trochu, ou bien il était
entré aux Finances où il avait recueilli
quelque bruit de la bouche d'Ernest Picard,
son ancien condisciple. S'il trouvait ses col-
laborateurs tristes, il savait d'un mot leur
rendre l'espérance et le courage. Il avait le
don d'inspirer autour de lui la confiance ; sa
parole était si chaude, son regard si brillant,
ses sentiments débordaient de telle sorte que
ses auditeurs étaient ranimés par sa pré-

sence. Il y a des numéros du journal où, quoique son nom ne paraisse pas, trois ou quatre articles sont le reflet de sa parole. S'il lui arrivait de prendre la plume, il écrivait sur un coin de table, au milieu du bruit, sans arrêt ni ratures, montrant une fois de plus ce qu'était l'improvisateur. Il partait, non pour se reposer, mais pour aller, trois ou quatre fois par semaine, prendre son service aux fortifications, sur le rempart de Vanves à la Seine. Il y apportait le même élan. A sa venue, les gardes nationaux se groupaient autour de lui, l'interrogeaient; sa conversation les charmait; il lui arrivait de les réunir pour leur lire quelque document nouveau ou quelque rapport militaire qu'il commentait, sachant ainsi en peu de paroles sorties du cœur leur rendre patience et courage.

Tant d'efforts si divers ne suffisaient pas à son activité. La Société de secours aux blessés avait, depuis la déclaration de guerre, multiplié ses œuvres; elle l'appela dans son conseil. Il fut chargé de l'ambulance des Champs-Élysées ; lorsque le froid pénétra sous les voûtes de l'Exposition, il négocia avec le Grand-Hôtel et y fit transporter ses 500 blessés. Il fit plus : les jours de combat, il suivait les troupes et dirigeait les brancardiers. Il écrit à son beau-père à la fin d'une longue lettre pleine de souvenirs, d'affection et d'espérances : « Nous étions, Henry et moi, avant-hier au Bourget et à Drancy, avec les ambulances, derrière notre artillerie qui est excellente[1] ». Ce qu'il ne dit pas, c'est qu'il a ramassé de nombreux blessés, qu'il s'est avancé sur le champ de bataille, qu'il a bravé le feu et que le frère de la doctrine chrétienne, tué en soulevant un blessé, est tombé à côté de lui. « Pas un mot de vous, écrit-il dans la même lettre, pas un seul mot depuis le début du siège! Où êtes-vous tous? Il semble que nous soyons aveugles et sourds, ne voyant plus

---

1. Lettre du 23 décembre 1870.

les visages, n'entendant plus les voix que nous aimons. Ici, nous tenons ferme, Paris est admirable. Les fous sont réduits au silence, chacun fait son devoir. »

La nuit venue, quand il n'était pas de service aux remparts, il allait dans les réunions publiques, prenait la parole et « tenait tête aux exagérés des clubs[1] ». Sa parole, toujours si vive et si spirituelle, avait pris un caractère tout nouveau. Lorsque M. Cochin parlait à un auditoire d'hommes assiégés comme lui depuis trois mois, quand il les mettait en garde contre les folies, qu'il leur exposait leurs devoirs, il n'était pas un mot qui ne portât, pas une idée qui n'allât remuer au fond des cœurs ce qu'il y avait de plus profond. Quand il parlait de « Paris et de la province », de la rivalité longtemps entretenue, qui devait faire place à la fraternité des armes, il n'est pas un des auditeurs qui n'entendît l'écho des acclamations qui

1. Lettre du 28 octobre 1870.

accueillaient la veille les mobiles de Bourgogne ou de Bretagne, de Champagne, de
Dauphiné ou de Normandie rentrant déci-
més après les sanglantes journées de Cham-
pigny ou du Bourget. Autour de la salle où
il tenait l'assistance frémissante sous sa
parole, c'était le drame lui-même qui se
jouait. Toutes les images évoquaient des
souvenirs; tous souffraient du même sup-
plice, aussi la foule comprenait-elle à demi-
mot l'orateur, lorsqu'il disait : « Nous
cherchons à tâtons la France, dans l'obscu-
rité où nous sommes », et quand il la montrait, à travers le rideau allemand qui la
cachait, subissant les mêmes maux, luttant
contre la même étreinte, travaillant à rétablir
l'unité, il soulevait l'émotion de ses auditeurs
et la portait jusqu'à l'enthousiasme. Quel est
celui qui, l'ayant entendu en de telles heures,
en a perdu le souvenir? La France a connu
au xixᵉ siècle de grands orateurs; elle en
est fière. Ont-ils jamais rassemblé un tel
auditoire? Lorsque, parmi ceux qui écoutent,

il en est qui se sont battus la veille et qui seront aux avant-postes le lendemain, quand tous les assistants vivent de rations, qu'ils accompagnent chaque matin, aux cimetières de la ville, les vieillards et les petits enfants, que chaque famille est en deuil des siens et de la patrie, que jour et nuit le canon tonne, il se fait dans les âmes une métamorphose étrange, tout change, les relations comme les proportions des choses. L'idée du danger disparaît: l'égoïsme fait place à un souci constant des autres, à un besoin d'aimer, à une ardeur de sacrifice. En de telles crises, tout homme qui parle agit sur les foules. S'il est orateur, il laisse des traces incomparables.

M. Cochin était en même temps écrivain. Le recueil de ses articles serait une histoire du temps; on y verrait le reflet des ardeurs quotidiennes et ce constant souci d'accroître les forces. Il était un des plus brillants combattants de cette phalange qui travailla pendant cinq mois à soutenir les cœurs. Si le

siège de Paris, qui semblait une utopie de
rêveurs, a été possible, s'il a offert, à part
quelques exaltés, un spectacle d'union, la
France le doit à ceux qui, à tous les degrés,
puisaient leur courage dans la vue, dans la
parole de nos orateurs et de nos écrivains.
Ce que M. Vitet faisait avec ses éloquentes
Lettres du siège, M. Cochin l'accomplissait
autour de lui. Ses écrits étaient des actes.
Il trouvait le temps, entre le corps de
garde et l'hôpital, d'aller à la Bibliothèque
Nationale, de feuilleter de vieux livres et
de résumer, à l'intention des ambulances,
l'histoire de la chirurgie militaire, depuis
Ambroise Paré jusqu'à Larrey, mêlant
l'érudition et la chaleur d'âme dans ces
pages tracées en plein combat. Il aurait
voulu prolonger la résistance, ce n'était ni la
volonté malgré les défaites, ni les hommes
malgré la mortalité croissante, ni les muni-
tions malgré le tir incessant, ni les forts tous
debout qui manquaient; mais, hélas! les
provisions de bouche s'épuisaient plus vite

que les courages. Un suprême effort fut
tenté. Les combats de Montretout et de
Buzenval furent terribles; M. Cochin ne
quitta pas le champ de bataille; il ramassa
les blessés depuis le matin jusqu'à la nuit.
La vaillance de nos soldats l'avait rempli de
fierté, mais pour la première fois, il se sentit
épuisé; il rentrait dans Paris sans qu'il fût
permis de rapporter une espérance. L'agonie
du siège commençait; on parlait d'armistice;
la voix du canon, auquel nos oreilles étaient
faites, cessait, et au milieu de cet odieux
silence, on pouvait distinguer, à travers la
fumée qui se dissipait, bien loin au delà des
troupes prusiennes, l'horizon ensanglanté de
la province annonçant à Paris les irrémé-
diables défaites.

La crise était trop forte : les hommes de
cœur en furent vieillis de plusieurs années;
la blessure fut telle que, parmi les survi-
vants, la cicatrice saigne encore. Chez
Augustin Cochin, la torture du père ne pou-
vant savoir si son fils était en vie, ajouta

pendant plusieurs semaines aux désespoirs de la lutte une mortelle inquiétude.

Au milieu de ce bouleversement des hommes et des choses, les élections du 8 février ne ressemblèrent à aucun des votes de notre temps. Une liste sagement rédigée avait été dressée pendant le siège, dans de longues conférences qui réunissaient chez M. Dufaure des vétérans et quelques conscrits de l'armée libérale. Un programme avait été rédigé : le nom de M. Cochin avait été prononcé et unanimement accueilli. Mais les colères d'une population qui ne comprenait pas la défaite et commençait à imputer le désastre aux modérés ne permettaient pas d'espérer le succès. Il échoua dans Paris avec 40 000 voix et avec 25 000 dans l'Aisne où, à son insu, ses amis de Saint-Gobain l'avaient présenté.

Cette déception n'était rien à côté des maux qui s'apprêtaient à fondre sur la France. Le 18 mars, Augustin Cochin apprenait, au milieu d'un petit nombre de

gardes nationaux, impuissants comme lui,
les incidents de la matinée, l'assassinat des
généraux et la résolution de M. Thiers
ordonnant le départ pour Versailles et
essayant ainsi d'empêcher, pour la première
fois depuis un siècle, que la révolution
accomplie à Paris gagnât la France. C'était
un parti héroïque qui sembla dur aux Parisiens. M. Cochin, comme beaucoup d'autres,
aurait voulu prolonger dans Paris la résistance, conserver au moins certains quar-
tiers ; il eut à peine le temps de concevoir ce
projet. Dès le 19 mars, il apprenait que son
arrestation était décidée et qu'il figurait sur
la liste des premiers otages. Un ouvrier
qu'il avait autrefois placé et qui avait ses
entrées à l'Hôtel de Ville, venait en secret
lui apprendre que l'ordre allait être exécuté.
Il partit pour Corbeil. Il était temps : le lendemain, des perquisitions bouleversaient ses
papiers. Quelques jours plus tard, il s'apprê-
tait à rentrer à Paris pour voir si la lutte était
vraiment impossible, quand un employé du

chemin de fer vint, de nuit, au péril de sa vie, l'avertir que sa maison, les bureaux de Saint-Gobain, ceux de la Compagnie d'Orléans étaient surveillés pour assurer une capture à laquelle les hommes de la Commune attachaient un grand prix.

M. Cochin aimait Paris d'un trop filial amour pour que ce crime abominable d'une insurrection devant l'ennemi ne lui causât pas une douleur d'autant plus cruelle qu'elle était une humiliation. Avoir joui passionnément de la résistance du siège, en songeant qu'elle entourait Paris d'une auréole d'honneur — et voir sur la ville, glorieuse quoique vaincue, tomber tout d'un coup un voile de honte, c'en était trop !

Il se réfugiait, au milieu de sa famille rassemblée, dans cette maison de la Roche, qui à ce moment était vraiment l'image de la France : il l'avait trouvée pillée par les Prussiens et elle ne contenait plus rien d'entier que le cœur de ses habitants.

Le repos lui-même n'était pas possible. Il

souffrait « cruellement, de ce qu'il appelle le douloureux martyre de l'inutilité[1] ». Comment se reposer pendant que la patrie est déchirée? « Comment ne pas chercher avec passion des occasions de la servir? » Puisque la politique lui était fermée, puisque la lutte sous toutes ses formes lui était interdite, pourquoi ne pas demander à la pensée qui, elle, est toujours libre, de chercher les causes et les remèdes de nos malheurs? Il recourt à M. Le Play qu'en des temps plus heureux il avait trouvé pessimiste : « Nous n'avons, vous et moi, lui écrit-il, le 3 mai 1871, qu'un seul moyen d'être utiles et de nous consoler de notre impuissance forcée, c'est de nous consacrer à étudier et à dire la vérité, car la France a été mise à mort par le mensonge à tous les degrés et en tous les sens, fausses promesses, faux systèmes, fausses idées, faux compliments, fausse politique. Elle est sevrée et elle est affamée de vérité ».

1. Lettre du 6 mai 1871.

Il aurait voulu susciter toute une enquête morale d'où serait sorti un plan de réformes hardies; il se disait qu'après Iéna, la Prusse avait vu promulguer un ensemble de lois qui, sans bruit, sans éclat, avaient préparé de très loin sa régénération. Il ne se contentait ni de formules toutes faites, ni des idées banales qui avaient cours dans le monde politique; il aurait voulu pénétrer en tout au-dessous de la surface; il sentait bien que les esprits étaient malades, que les intelligences étaient dévoyées, c'étaient surtout les âmes qu'il aurait voulu soigner et guérir.

Il était inquiet de voir la tristesse de ses contemporains et alarmé de leur découragement; il voulait relever et soutenir ceux qui pensaient comme lui. Sa philosophie était très haute et très fière. A ses yeux, la religion, dépositaire des éternelles vérités, n'était la consolatrice des douleurs humaines que parce qu'elle contenait en elle un principe d'action. Chercher ceux qui souffrent pour les soulager, observer les lacunes de la charité pour les combler, organiser des œuvres qui apaisent et qui durent, faire du bien à ses semblables sous toutes les formes, voilà la mission de l'homme ici-bas, voilà ce qui le distingue du sauvage ou de la brute et ce qui, en même temps, par une mystérieuse récompense, le guérit de ses maux, l'affranchit de sa propre misère et le rend heureux. Il ne tolérait pas qu'on dise du mal de la vie. C'était à ses yeux le plus grand des biens, puisqu'il communiquait à l'homme le pouvoir suprême, le don de créer, de se survivre, en laissant derrière lui des œuvres et des idées. Aux heures où il souffrait le plus profondément dans ses attachements déçus, dans ses espoirs de citoyen, dans son amour de la liberté, quand il faisait appel à l'union et qu'il recevait pour réponse des paroles de haine, aux heures les plus sombres du siège, pendant les hontes de la Commune, il se retirait en lui-même pour écrire des fragments qui étaient comme le testament de sa vie. Il sentait ses forces diminuer, mais non la puissance de sa volonté. Lorsque ses amis le retrouvèrent après la guerre, le visage altéré, les cheveux blanchis, leur affection s'alarma; il les rassura, en leur parlant, les yeux brillants, avec son ardeur d'autrefois, des moyens de relever la patrie, de leurs devoirs et des tâches nouvelles; il était prêt à s'y consacrer : se refuser à un appel, n'était-ce pas démentir toute une vie de dévouement?

Jamais l'union des gens de cœur n'avait été plus nécessaire. Autour du pouvoir, tous les partis se serraient pour sauver la France. Sur les bancs de l'Assemblée Nationale, siégeaient les hommes les plus éminents: M. Thiers commençait avec eux l'œuvre du relèvement de la patrie qui devait illustrer sa mémoire. Pour reconstituer les organes de la nation, l'armée, l'administration, les finances, il allait chercher partout les capacités, les dévouements. Il demanda à M. Cochin d'accepter la préfecture de Seine-et-Oise. Plus d'un ami le dissuadaient. Le poste était-il à la hauteur de son mérite? Ne devait-il pas attendre? ménager à la fois sa santé et son ambition? M. Cochin n'hésita pas un instant. Suivant une heureuse expression d'un de ceux qui l'ont le mieux jugé : « Cette âme, si haute et si humble à la fois, était insensible à toute considération d'amour-propre et mesurait l'importance des fonctions au bien immédiat qu'elles permettaient d'accomplir [1] ».

Il se consacra à la tâche avec un oubli absolu de lui-même. De tous les départements envahis, c'était le plus atteint. Autour de Paris assiégé, l'occupation prussienne avait pesé de tout son poids : villages incendiés, champs ravagés, ponts détruits, routes coupées, misères terribles; tout était à refaire, à réparer, à secourir; il voulut tout voir par lui-même, se transportant partout où il y avait un projet à étudier, revenant à Versailles pour donner l'impulsion et pour ap-

1. M. Léon Lefébure, *Revue des Deux Mondes* du 15 janvier 1003.

porter aux délibérations du Conseil général
l'autorité que lui donnaient son caractère
et une inspection universelle. Le soin des
détails, qui est le secret des grands adminis-
trateurs, ne lui faisait pas oublier la politique générale; il la suivait avec ses amis,
voyait avec inquiétude s'élever des nuages
entre la majorité de la Chambre et le pouvoir exécutif et se disait qu'il aurait peut-
être plus d'une fois la mission de les dissi-
per.

Cette vie nouvelle s'ajoutait à tous les
devoirs du passé; il n'avait consenti à aban-
donner aucune de ses œuvres, aucune des
causes auxquelles il s'était voué. L'abolition
de l'esclavage eut une de ses dernières
pensées : l'empereur du Brésil, arrivé à
Paris tout occupé de ses grands projets
d'affranchissement, avait voulu voir M. Cochin. C'était en hiver; les courses à Paris le
fatiguaient; il revenait épuisé. Sa volonté
luttait : il n'avait guère d'illusion sur le
déclin de ses forces, mais il voulait agir

jusqu'au bout et montrer que les défaillances du corps n'atteignaient pas son âme.

Il fut malade un mois : ses souffrances étaient cruelles, les douleurs de tête terribles, mais sa pensée demeurait libre. Sur le retour à la santé, sur la reprise de la vie, sur l'éducation de ses fils qu'il aurait voulu achever avec celle qui avait partagé le poids de tous ses devoirs, sur l'avenir d'efforts et de dévouement que, dans son amour de la France, il avait rêvé, il n'eut pas d'illusions. Dès l'invasion du mal, il fit son sacrifice. C'était l'heure de ne conserver qu'un seul souvenir, de ne penser qu'aux « Espérances chrétiennes » qui avaient fait dans ses épreuves la consolation et la lumière de sa vie. Tout ce qu'il avait voulu, tout ce qu'il avait réalisé, toutes ses paroles, tous ses actes, discours, écrits, contact avec les ouvriers, visites des pauvres, soins aux malades, amour de la liberté, tout lui avait été inspiré par sa foi : il n'en parlait pas à tous; il y pensait sans cesse.

N'est-ce pas le cas de redire sur lui aux termes de cette carrière si pleine de leçons, ce qu'il écrivait à notre confrère, M. Ernest Naville, un mois avant sa mort, à propos du P. Gratry : « Il a traversé les malheurs de la patrie sans perdre l'espérance, les amertumes de la calomnie sans perdre la charité, les approches douloureuses de la mort sans perdre la patience ».

Sa vie tout entière sert à montrer comment, dans le tourbillon de nos sociétés modernes, un homme de foi peut rester l'homme de son siècle.

AUGUSTIN COCHIN

SA VIE

1823. 12 décembre. Sa naissance.

1846. Docteur en Droit.

1849. 11 août. Son mariage avec Mlle Adeline-Adélaïde-Marie Benoist d'Azy.

1850. Juillet. Adjoint au maire du X° arrondissement.

1852. Janvier. Administrateur du chemin de fer d'Orléans.

1853. 24 octobre. Maire du X° arrondissement.

1858. 13 avril. — donne sa démission.

1864. Administrateur de la Compagnie des Glaces de Saint-Gobain.

1865. 11 février. Élu membre de l'Académie des Sciences Morales et Politiques.

1870. Garde au 17° bataillon de la garde nationale. Membre du Conseil d'administration de la Société de Secours aux Blessés.

1871. Avril. Préfet de Seine-et-Oise.

1872. 15 mars. Sa mort.

SES ŒUVRES

1. **De la Paternité et de la filiation.** Thèse de doctorat en droit. Paris, Bailly, in-4º, 128 p., 1846.

2. **Mettray en 1846.** Paris, in-8º, 48 p., 1847. Extrait des *Annales de la Charité.* — *Id.* **Notice sur Mettray**, Tours, Ladevèze, in-8º, 58 p., 1856.

3. **Essai sur la vie, les méthodes d'instruction et d'éducation et les établissements d'Henry Pestalozzi.** Paris, Bailly, in-4º, 88 p., août 1848. Mémoire auquel l'Académie a décerné une mention honorable.

4. **Comité de l'enseignement public** (Premier rapport sur les travaux du 23 février 1850), Paris, 1851, in-18.

5. **Notice sur la vie de M. Cochin,** député de Paris (1789-1841), et sur l'origine et les progrès des salles d'asile, par Augustin Cochin. Paris, in-8º, xxx p., Hachette, 1853. Publié en tête de la 4º édition du *Manuel des Salles d'Asile, par J. D. M. Cochin, fondateur de la première salle d'asile*

modèle de Paris. — Tirage à part de la Notice, Paris, Duverger, in-8°, 32 p., 1853.

6. **Lettre à M. Auguste Nicolas sur l'état du paupérisme en Angleterre.** In-8°, 34 p., Paris, J. Lanier, 1854. (Avait paru en tête du *Protestantisme*, par Auguste NICOLAS. 2° édition, 2 vol. in-12. Paris, Vaton, 1854.)

7. **Les ouvriers européens, résumé de la méthode et des observations de M. F. Le Play.** Paris, Douniol, in-8°, 56 p., 1856. Extrait du *Correspondant.*

8. **De la Conversion en rentes des biens hospitaliers.** Paris, Douniol, in-8°, 32 p., (15 juin) 1858.

9. **Des secours aux indigents atteints d'infirmités incurables,** rapport à la Société d'économie charitable. Page 385 à 400 des *Annales de la Charité*, 15° année, 7° livraison, 31 juillet 1859. Paris, Le Clère, 1859, in-8°.

10. **La question italienne et l'opinion catholique en France,** précédée d'une lettre du R. P. LACORDAIRE. Paris, Douniol, in-8°, 30 p., 1860. Extrait du *Correspondant* du 25 janvier 1860.

11. **L'abolition de l'esclavage.** T. I°. *Résultats de l'abolition de l'esclavage;* t. II. *Résultats de l'esclavage; le Christianisme et l'esclavage.* Paris, Lecoffre et Guillaumin, 2 vol. in-8°, 483-530 p., 1861. — Traduction : *The results of emancipa-*

tion of slavery, translated by Mary Booth. 2 vol. in-8°, Boston, 1863.

12. **Rome, les Martyrs du Japon et les évêques du dix-neuvième siècle.** Paris, Douniol, in-8°, 29 p., 1862: Extrait du *Correspondant*.

13. **De la condition des ouvriers français d'après les derniers travaux.** Paris, Douniol, in-8°, 48 p., 1862. Lu au congrès international de Londres, sous la présidence de lord Shaftesbury.

14. **Aux électeurs de la 6e circonscription.** Paris, 1863, in-4° (Bibl. Nat., Le, 77, 1201). — Seconde adresse aux électeurs (Bibl. Nat., Le, 77, 1202).

15. **Quelques mots sur la vie de Jésus, de M. Ernest Renan.** Paris, Douniol, in-12, 65 p., 1863.

16. **Le progrès des sciences et de l'industrie au point de vue chrétien.** Discours prononcé devant l'Assemblée générale des catholiques à Malines, le 21 août 1863. Paris, Douniol, 1863, in-8°.

17. **Question de la Famille.** Rapport sur le Concours ouvert par la Société d'économie sociale. Paris, Imp. Schiller, 1863, in-8°.

18. **Le monde invisible.** Discours prononcé devant la Société d'émulation de Bruxelles le 8 mai

1864. Paris, Douniol, in-8°, 24 p., 1864. Extrait du *Correspondant*.

19. **Paris, sa population, son industrie.** Paris, Durand et Douniol, in-8°, 80 p., 1864. Mémoire lu à l'Académie des sciences morales et politiques les 18 et 25 juin 1864.

20. **Paroles prononcées, le 5 mai 1865, aux obsèques de M. le Duc d'Harcourt.** Caen, Leblanc-Hardel, in-8°, 11 p., 1865.

21. **Le progrès des sciences au point de vue chrétien.** In-8°, Paris, Douniol, 1865.

22. **Les petites assurances sur la vie par l'État dans les bureaux de poste en Angleterre.** Paris, Guillaumin, in-8°, 47 p., 1865. Extrait du *Compte rendu de l'Académie des Sciences morales et politiques.*

23. **La Réforme sociale en France, résumé critique de l'ouvrage de M. Le Play.** Paris, Douniol, in-8°, 61 p., 1865.

24. **La manufacture des glaces de Saint-Gobain de 1665 à 1865.** Paris, Douniol et Guillaumin, in-8°.

25. **Rapport sur les institutions de prévoyance en France et en Angleterre, fait à la Société d'économie charitable.** Paris, Le Clère, in-8°, 36 p., 1866.

9

26. **Récit d'une sœur, souvenirs de famille re-
cueillis par Mme Augustus Craven**. Bruxelles,
Devaux, in-12, 94 p., 1866. Extrait du *Correspondant*, juin 1866.

27. **Exposition universelle de 1867, rapports du
jury international. Classe 91. Meubles, vête-
ments et aliments.** Paris, Paul Dupont, 1867,
in-8°. L'*Introduction*, p. 1 à 7, est signée de
A. COCHIN.

28. **Notice historique sur M. l'abbé Cochin.** Page
I à XXII de : *Instructions familières sur le Saint
Sacrifice de la messe*, par M. l'abbé COCHIN.
Nouvelle édition (s. d.), Paris, Delalain, in-12.
— Publiée de nouveau en tête de : *L'hôpital
Cochin; la laïcisation*. Procès. Paris, in-8°, 1890
(Bibl. Nat., Ld⁴, 8, 457).

29. **Conférence au cercle agricole de Paris sur
les Sociétés coopératives.** Extrait du *Journal
des villes et des campagnes*. Paris, Douniol, in-8°,
31 p., 1868.

30. **Abraham Lincoln.** Conférence prononcée le
14 mars 1869, à la réunion publique du théâtre
Impérial, présidée par M. Laboulaye. Paris,
Degorce-Cadot, in-18, 56 p., 1869.

31. **L'Espagne et l'esclavage dans les îles de
Cuba et de Porto-Rico.** Paris, Claye, in-8°,
29 p., 1869. Extrait de la *Revue des Deux
Mondes* du 1er mai 1869.

32. **Elections de Paris des 6 et 7 juin 1869.** Adresses aux électeurs (Bibl. Nat., Le, 77, 2 427 et 2 491, 2 492, 2 493. — Deuxième tour (Bibl. Nat., Le, 2 490).

33. **La ville de Paris et le corps législatif.** Paris, Douniol, in-8°, 96 p., 1869.

34. **Le comte de Montalembert,** discours prononcé le 1er avril 1870, à la Société générale d'éducation. Paris, Douniol, in-8°, 36 p., 1870.

35. **Paris et la France,** conférence faite au Cercle des Beaux-Arts de Nantes, le 27 mai 1870. Nantes, Forest, in-12, 24 p., 1870.

36. **Le régime municipal des capitales.** Paris, Claye, in-8°, 36 p., 1870. Extrait de la *Revue des Deux Mondes* du 1er juin 1870.

37. **Paris et la province,** p. 769 à 774 de la *Revue des Cours littéraires,* 7e année, n° 49, 28 février 1871. Paris, Germer-Baillière. Conférence faite le 27 décembre 1870 dans la Salle du Conservatoire de musique.

38. **Le service de santé des armées avant et pendant le siège de Paris.** Paris, Sauton, in-12, 80 p., 1871.

39. **Conférences et lectures** (juin 1871). Paris, Didier, 1871, in-18.

40. **Études sociales et économiques**, précédées d'une notice par M. le duc DE BROGLIE. Paris, Didier, in-12, 405 p., 1880.

41. **Les Espérances chrétiennes**, publiées avec une préface et des notes, par Henry COCHIN. Paris, Plon, in-8°, XXXVI-438 p., 1883. — 2e édit., 1884, in-18.

TRAVAUX ACADÉMIQUES

1. *Résultats de l'abolition de l'esclavage dans les colonies.* 19 janvier 1861. C. R. 1861, 2e vol., p. 113.

2. *Paris, sa population son industrie.* C. R. 1864, 3e vol., p. 204.

3. *Les petites assurances sur la vie par l'État.* C. R. 1865, 3e vol., p. 169.

4. *La manufacture des glaces de Saint-Gobain.* C. R. 1865, 1er vol., p. 115 et 321 ; 2e vol., p. 53.

5. *Fondation d'une caisse d'assurances sur la vie.* C. R. 1867, 3e vol., p. 315.

6. *Les Esquimaux à l'Exposition universelle.* C. R. 1867, 3e vol., p. 345.

7. Rapport sur un ouvrage de M. J. Duval : *Gheel ou une colonie d'aliénés.* C. R. 1867, 4e vol., p. 477.

ARTICLES PUBLIÉS
DANS LE *CORRESPONDANT*

17. *Les derniers écrits sur la question romaine.* 1860 ;
t. L, p. 164.

18. *La bataille de Castelfidardo.* 1860 ; t. LI, p. 194.

19. *Œuvres de M. le Comte de Montalembert.* 1861 ;
t. LII, p. 637..

20. *La question romaine, l'adresse et les événements
du mois. 23 mars 1861.* 1861 ; t. LII, p. 660.

21. *La crise aux États-Unis.* 1861 ; t. LII, p. 115.

22. *La discussion de l'adresse.* 1862 ; t. LV, p. 613.

23. *Rome, les martyrs du Japon et les évéques du
XIX° siècle.* 1862 ; t. LVI, p. 408.

24. *De la condition des ouvriers français.* 1862 ; t. LVI,
p. 425.

25. *Garibaldi.* 1862 ; t. LVI, p. 832.

26. *Une question de droit à propos des élections.* 1862 ;
t. LVII, p. 179.

27. *M. Ferjus Boissard* (article nécrologique). 1862 ;
t. LVII, p. 183.

28. *États-Unis. Proclamation de M. Lincoln.* 1862 ;
t. LVII, p. 388.

29. *Les événements du mois. Juin 1863.* 1863 ; t. LIX,
p. 446.

30. *M. le général Oudinot, duc de Reggio* (article nécrologique). 1863; t. LIX, p. 528.

31. *Le progrès des sciences et de l'industrie.* Discours prononcé au Congrès de Malines, le 21 août 1863. 1863; t. LX, p. 35.

32. *Le cardinal Marini* (article nécrologique), 1863; t. LX, p. 162.

33. *La vie de village,* 1863; t. LX, p. 496.

34. *M. le marquis de Brignolle-Sale* (article nécrologique). 1863; t. LX, p. 665.

35. *Le monde invisible.* Discours prononcé devant la Société d'émulation de Bruxelles, le 8 mai 1864. 1864; t. LXII, p. 70.

36. *Paris, sa population, son industrie.* 1864; t. LXII, p. 489.

37. *Deux jeunes femmes poètes. (Mlle Procter et Mlle Drouet).* 1864; t. LXII, p. 899.

38. *M. l'abbé Henri Perreyre* (article nécrologique). 1865; t. LXV, p. 706.

39. *La réforme sociale en France,* par M. Le Play. 1865; t. LXV, p. 82 et 348.

40. *Les événements de la Jamaïque.* 1865; t. LXVI, p. 1004.

41. *Études industrielles : La fabrication des glaces depuis Colbert.* 1865; t. LXVI, p. 619 et 914.

42. *La littérature intime. Récit d'une sœur*, par Mme CRAVEN. 1866; t. LXVIII, p. 283.

43. *La caisse des invalides du travail et la crise des caisses d'épargne.* 1866; t. LXVIII, p. 1026.

44. *Les Esquimaux à l'Exposition universelle.* 1867; t. LXXI, p. 826.

45. *M. Victor Cousin* (article nécrologique). 1867; t. LXX, p. 411.

46. *M. l'abbé Debeauvais, curé de Saint-Thomas d'A-quin* (article nécrologique). 1868; t. LXXIV, p. 1130.

47. *Le congrès scientifique d'Aix.* 1868; t. LXXVI, p. 329.

48. *La ville de Paris et le corps législatif.* 1869; t. LXVII, p. 485.

49. *La philosophie d'un grand seigneur écossais. Le règne des lois*, par le duc d'Argyll. 1869; t. LXXVII, p. 695.

50. *Conférences américaines. Abraham Lincoln.* 1869; t. LXXVIII, p. 165.

51. *Conférences américaines, Henry Longfellow.* 1869; t. LXXIX, p. 5.

52. *M. de Montalembert.* Discours prononcé à la Société d'éducation, dans sa séance du 1er avril 1870. 1870; t. LXXXII, p. 141.

53. *Réponse à M. le comte de Montalivet (à propos du discours prononcé par A. Cochin sur le comte de Montalembert).* 1870; t. LXXXII, p. 730.

54. *Les Espérances Chrétiennes* (introduction d'une œuvre posthume). 1883; t. CXXXIII, p. 81.

ARTICLES PUBLIÉS DANS LA *REVUE DES DEUX MONDES*

1. *L'Espagne et l'esclavage dans les îles de Cuba et de Porto-Rico depuis la révolution de 1868.* 1er mai 1869.

2. *Le régime municipal des grandes villes; Londres, Berlin, Vienne, New-York et Paris.* 1er juin 1870.

3. *Le service de santé des armées avant et pendant le siège de Paris.* 1er novembre 1870.

4. *Paris politique et municipal; la commune et la municipalité de la capitale.* 1er janvier 1871.

5. *La reine Louise de Prusse.* 15 février 1871.

6. *L'abolition de l'esclavage au Brésil.* 1er décembre 1871.

COLLABORATION

JOURNAL DES VILLES ET DES CAMPAGNES.
ANNALES DE LA CHARITÉ.
REVUE DES COURS LITTÉRAIRES.
CORRESPONDANT.
RÉFORME SOCIALE.
FRANÇAIS.
REVUE DES DEUX MONDES.

1814-05. — Coulommiers, Imp. PAUL BRODARD. — 3-06.

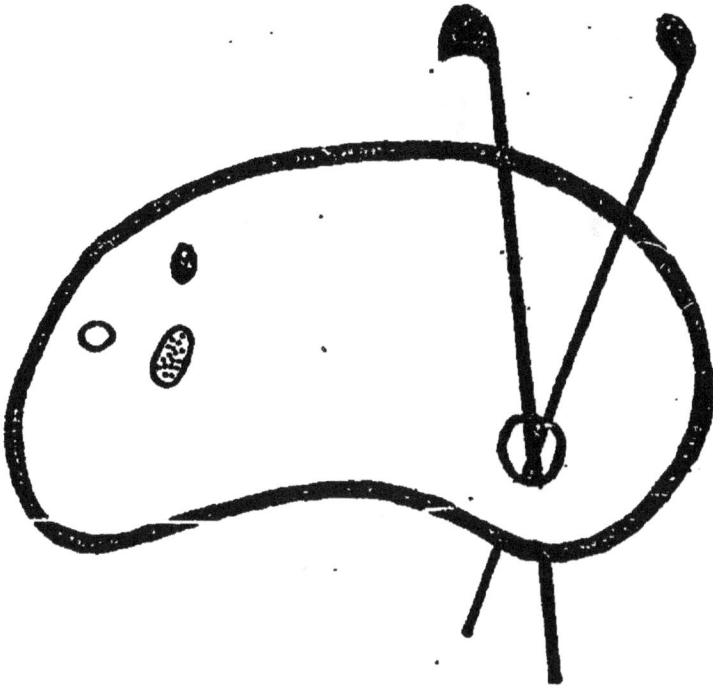

ORIGINAL EN COULEUR
NF Z 03-120-8